CUAUHTÉMOC

D1548194

CUAUHTÉMOC

Grupo Editorial Tomo, S. A. de C. V.
Nicolás San Juan 1043
03100 México, D. F.

1a. edición, mayo 2004.
2a. edición, junio 2006.
3a. edición, noviembre 2013.

© Grupo Editorial Tomo, S.A. de C.V.
Cuauhtémoc

© 2013, Grupo Editorial Tomo, S.A. de C.V.
Nicolás San Juan 1043, Col. Del Valle
03100 México, D.F.
Tels. 5575-6615, 5575-8701 y 5575-0186
Fax. 5575-6695
www.grupotomo.com.mx
ISBN: 970-666-950-7
Miembro de la Cámara Nacional
de la Industria Editorial No 2961

Proyecto: Rafael Rutiaga
Diseño de Portada: Trilce Romero
Formación Tipográfica: Rafael Rutiaga
Supervisor de producción: Leonardo Figueroa

Derechos reservados conforme a la ley.
Ninguna parte de esta publicación podrá ser reproducida
o transmitida en cualquier forma, o por cualquier medio
electrónico o mecánico, incluyendo fotocopiado, audio, etc.,
sin autorización por escrito del editor titular del Copyright.

Impreso en México - *Printed in Mexico*

CONTENIDO

Prólogo

Se sabe que las culturas de Mesoamérica tenían ciertas características en común, como son: el cultivo del maíz, el juego de pelota, la edificación de complejos urbanos y plataformas piramidales, la semejanza de los conceptos religiosos asociados con el Sol, la Tierra y los fenómenos meteorológicos, etc. El territorio que ocupaba Mesoamérica comprendía casi la mitad de lo que ahora es México, del Centro hacia el Sur, hasta una buena parte de Centroamérica. En esta zona, antes del arribo de los aztecas, habitaban otros pueblos, como los toltecas, los chichimecas, los tepanecas y los acolhuas. Y luego llegaron los aztecas, quienes poco a poco, comenzaron a dominar a los demás hasta convertirse en un importante Imperio.

La ciudad fundada por los aztecas fue llamada México-Tenochtitlan, la cual llegó a convertirse en una gran urbe. Era una ciudad bien planeada y bien organizada social y políticamente. La sociedad azteca era un Estado teocrático y militar, lo que significa que los más poderosos eran los sacerdotes y los guerreros.

En el año 1519, que equivale al año *Ce Ácatl* o año de Quetzalcóatl, las tropas de Cortés tocaron suelo mexicano y se sorprendieron al encontrarse ante una gran nación que tenía sometidos a otros pueblos. En ese momento comenzó la ambición de conquista y la agonía del mundo indígena.

Sahagún nos presenta una versión nahua anónima de la conquista. El informante inicia con los presagios sombríos, la presencia de un cometa "como una llama de fuego, como una aurora que estaba extendida cuando fue visible, como enclavada en el cielo", el incendio inusitado de templos, los gritos desolados de una mujer espectral que gemía por sus hijos, etc. Regresaba Quetzalcóatl, el dios del rostro blanquecino y barbado, y sus poderes mágicos abatían la hechicería. Y el mismo informante describe a los vencedores: "Mucho se asustó (Moctezuma) cuando oía cómo sanciona su orden el arma de fuego, cómo truena el sonido cuando cae... cómo sale una bala de su vientre regando fuego, echando chispas y humo hediondo de azufre, de manera que uno se desmaya. Y si la bala encuentra una montaña, cómo ésta se derrumba, se queda en escombros... Puro hierro forma su traje de guerra, con hierro se visten; con hierro cubren su cabeza; de hierro consta su espada... de hierro su escudo, de hierro su lanza. Y sus ciervos (caballos) los llevan sobre sus lomos, teniendo así la altura de los techos. Y sus cuerpos están envueltos por todas partes. Solamente sus rostros están visibles, enteramente blancos. Caras calcáreas lo son, de cabello amarillo, pero algunos tienen cabellos negros... Y sus perros muy grandes; con orejas plegadas; con lenguas grandes, colgantes; con ojos de fuego, de llamas; con ojos claros, amarillos; con vientre restirado, con vientre ahuacalado, con vientre acucharado. Salvajes como demonios, siempre jadeantes, siempre con la lengua colgante, moteados como de jaguar moteado".

Los españoles fueron recibidos como dioses, pues los aztecas nunca habían visto personas y bestias como aquéllas. Los soldados forrados con armaduras metálicas y portando bastones que lanzaban fuego y causaban la muerte. Ante este espectáculo, los aztecas dudan y ceden, tienen un desfallecimiento. Cuando Moctezuma decide recibir a Cortés con presentes en Tenochtitlan, marca el inicio de la caída del Imperio.

Los invasores se sintieron atraídos por el oro y las demás riquezas de los aztecas, así que comenzaron la sangrienta guerra, con matanzas traicioneras. Después de conseguir la muerte de Moctezuma, fue cruelmente arrasada la ciudad de Tenochtitlan, en aquellos meses funestos de 1521. Las dos versiones indígenas que se conservan de la conquista, el Libro XII de Sahagún, y los *Anales de Tlatelolco*, son testimonios del ocaso heroico de una raza; no la conquista según los españoles, sino la versión dada por los vencidos.

El sucesor de Moctezuma fue Cuitláhuac, que era el señor de Ixtapalapa. Éste fue uno de los héroes de la batalla conocida como la "Noche Triste". Pero poco después murió a causa de una terrible enfermedad epidémica. Se piensa que los atacó la viruela, la cual era desconocida hasta entonces por los indios.

Entonces Cuauhtémoc, que era el señor de Tlatelolco, fue nombrado soberano de México. Sobre él quedaba la responsabilidad del gran Imperio Azteca. Él tendría que luchar contra los extraños para defender a su pueblo. Pues se sabe que nunca aceptó humillarse ante Cortés, a pesar de encontrarse casi perdido.

Cuauhtémoc, el "Águila que cae", o "Águila del crepúsculo", como simbólicamente se traduce su nombre, al caer prisionero ante Cortés pronunció esas palabras que, recogidas por la historia, habrán de resonar mientras México viva: "Señor Malinche: ya he hecho lo que soy obligado en defensa de mi ciudad, y pues vengo por fuerza y preso ante tu persona y poder, toma ese puñal que tienes en el cinto y mátame con él".

Rafael Rutiaga

CAPÍTULO I

Nacimiento del águila que cae

Basándonos en los datos aportados por las fuentes históricas que se conservan, no es posible fijar con precisión la fecha del nacimiento de Cuauhtémoc. Quienes fueron testigos presenciales del sitio de México y lo conocieron —Hernán Cortés, Bernal Díaz del Castillo y Jerónimo de Aguilar—, o quienes como informantes se ocuparon de su edad —Ixtlilxóchitl, cuya noticia procede de una relación indígena contemporánea a la conquista, y Durán—, insisten en que durante su nombramiento como dirigente de los aztecas y en la caída de la ciudad era "un mancebo", cuya edad variaba entre los 18 y los 26 años.

Según esto, Cuauhtémoc nació entre 1495 y 1503. Sin embargo, un dato merece un análisis más severo: la juventud del héroe a la caída de Tenochtitlan. Cortés y Aguilar refieren que tenía entonces 18 años, lo que nos llevaría a 1503 como año del nacimiento de Cuauhtémoc, lo que parece poco probable si atendemos a que Ahuízotl, el padre del héroe, murió en 1502; Ixtlilxóchitl —informado por un documento contemporáneo de Pedro Axayácatl— y Durán, insisten en que era "mozo mancebo de hasta 18 años" al momento de su elevación al cargo de señor de México (1520), lo que nos haría deducir al año 1502 como fecha de su nacimiento. Pero si esta fecha parece más probable, también es verdad que está en contradicción con un dato conocido por *Unos anales históricos*, los que mencionan que cuatro años antes de la llegada de los españoles (1515), Cuauhtémoc ya era señor de Tlatelolco, y si aceptamos por lo mismo que naciera en 1502, para entonces sería un mozo de 13 años; ya que, por otra parte, sabemos por el *Códice Mendocino*, que sólo a los 15 años de edad, los jóvenes entraban en el colegio de la nobleza sacerdotal, al Calmécac, y después comenzaban su ejercicio militar y político.

Por tanto, Bernal Díaz del Castillo parece más próximo a la verdad cuando cita la edad del héroe de acuerdo con el tiempo de la conquista, pues si bien en el capítulo CLVI le atribuye 21 años —aunque su duda se aprecia al haber tachado en el manuscrito las palabras veintitrés o veinticuatro—, en el capítulo CLIV dice que "era obra de veinte y cinco o veinte y seis años", es decir, que nació en 1495 ó 1496, lo que nos permitiría aceptar que a los 15 años entrara en el Calmécac (1510 ó 1511), y que 4 años antes de la llegada de los españoles (1515) fuera ya señor de Tlatelolco, el importante barrio de la ciudad azteca, es decir, a la edad de 19 ó 20 años.

Entonces diremos que en 1496, el *4 Técpatl* del calendario indígena, debió de nacer en México-Tenochtitlan el héroe de la defensa de la ciudad. Hijo del rey Ahuízotl y de una princesa tlatelolca, Tiyacapantzin, Cuauhtémoc descendía por línea recta de la nobleza indígena del país: Netzahualcóyotl y Moquíuix por su madre, y Axayácatl, Izcóatl, Acamapichtli y otros reyes de México por su padre. Fue el último de los hijos del soberano Ahuízotl, uno de los fundadores de la grandeza imperial de México, y de quien en el curso de los años se recordaba su nombre como sinónimo de "el que azota", "el que persigue"; hermano menor de una numerosa familia, según Ixtlilxóchitl, fue el último de los hijos de ese rey, según *Unos anales históricos de la nación mexicana*, texto indígena que significativamente lo llama Quauhtemoctzin Tlacatecuhtli Xocóyotl, es decir, Cuauhtémoc-Tlacatecuhtli, el señor Cuauhtémoc, y *xocoyote*, el hijo menor.

La magnificencia de las ceremonias que debieron seguir al real nacimiento podrá vislumbrarse recordando que por esos años Ahuízotl, el octavo rey de México, alcanzaba el apogeo de su carrera militar y política. Imaginamos, en consecuencia, el momento en que, junto a la noble cuna de esteras o *petates*, se colocaron simbólicamente las armas del padre, su escudo y flechas, signo del nacimiento de un varón, cuyo destino era la guerra; y así junto a la sencilla cuna del recién nacido, figuraron las armas terribles del gran conquistador que asolara y devastara regiones tan remotas como la tlapaneca (Guerrero), la mixteca y zapoteca (Oaxaca), y el istmo de Tehuantepec y Soconusco.

También imaginamos a la sacerdotisa-partera que con palabras ceremoniosas y con estilo suave y prolijo, que Sahagún ha recogido, pronunció las palabras de salutación al recién nacido, en las que mencionaba los padecimientos y el amargo destino que la vida le había deparado:

"Esta casa donde has nacido, no es sino un nido, es una posada donde has llegado, es tu salida a este mundo; aquí brotas, aquí floreces, aquí te apartas de tu madre, como el pedazo de la piedra donde se corta..."

Y después de cortar el ombligo del varón nacido y de indicar que habría de enterrarlo en el campo de batalla como señal de su profesión de guerrero, debió decir:

"Ésta [es] la ofrenda de espina, y de maguey, y de caña de humo, y de ramos de acxóyatl, la cual se corta de tu cuerpo, cosa muy preciosa; con esta ofrenda se confirman tu penitencia y tu voto, y ahora resta que esperemos el merecimiento y dignidad o provecho que nos vendrá de tu vida y de tus obras; hijo mío muy amado, vive y trabaja; deseo que te guíe, te provea y te adorne Aquel que está en Todo Lugar [Tezcatlipoca]".

Con estas palabras terribles en las que la filosofía y el destino de un príncipe azteca quedaban expresados, surgió un varón azteca para la guerra. Entonces dieron inicio al ritual que acompañaba, según los cronistas, al nacimiento. Ahuízotl llamó a los augures para preguntarles cuál sería la ventura de aquel último vástago, para que consultaran en el libro de los adivinos, en el *Tonalpohualli*, y para que, después de haberles informado la hora y el día del parto, le indicaran la fortuna que debía acompañar a aquella criatura. Los augures, igualmente, indicaron el día favorable para el bautizo e imposición del nombre; se derramaron sobre su cuerpo las aguas de la madre Chalchiuhtlicue, diosa de las aguas, para que fuera "purificado y limpiado su corazón y su vida" en una ceremonia que recordaba a los misioneros su rito de purificación por el agua. Después siguió la imposición del nombre, el que por un azar significativo del destino fue el de Cuauhtémoc, es decir, "Águila que cae", "Aguila que desciende" o "Aguila del crepúsculo", como si en el nombre mismo quedara ya escrito el destino dramático del héroe sin ventura que condujera a su pueblo, con grandeza sin igual, a la más difícil y amarga de las pruebas.

Representación de Cuauhtémoc,
"Águila que cae".

El 4 *Técpatl*, año que hemos aceptado para el nacimiento de Cuauhtémoc, fue la fecha en que las crónicas indígenas registraron un eclipse solar, pronóstico funesto según las supersticiones indígenas, ya que durante uno de ellos esperaban el apocalipsis del Quinto Sol que acabaría con la Tierra, y el mundo sucumbiría a causa de terremotos como antes había acabado por inundaciones, huracanes, lluvias y fuego.

"Aconteció —dicen *Unos anales*— que hubo eclipse, oscureció y las estrellas llegaron a ser visibles". Este apocalipsis indígena se cumpliría, pero no por el eclipse solar y la destrucción del mundo por terremotos, sino por la llegada de gente extraña, blanca y barbada, como lo habían anunciado las viejas profecías. Pero desde luego, aquel funesto eclipse fue uno de los muchos augurios con que los indios interpretarían el fin de su mundo.

CAPÍTULO II

El príncipe es educado

En el calendario mexicano, el *10 Tochtli* (1502), se registra en los códices y crónicas indígenas la muerte de Ahuízotl, octavo rey de México. A los seis años de edad, Cuauhtémoc quedó huéfano de padre; por tanto, sobre su madre, la primogénita del antiguo señor de Tlatelolco, la princesa de Tiyacapantzin, hija de Moquíuix, iba a descansar la responsabilidad de la educación del príncipe. Ahuízotl moría después de haber ensanchado los límites del imperio mexicano de mar a mar, y de haberlo extendido hasta más allá de las fronteras de la actual Guatemala. Según Ixtlilxóchitl, la muerte del octavo *Tlatoani* —el que habla, el que rige, al que los españoles llamaron rey— ocurrió después de que el soberano hizo traer las aguas del manantial llamado Acuecuexco o Acuecuexo, en 1500, en los límites de Churubusco y Coyoacan. Ahuízotl rompió con violencia las reservas del señor de Coyoacan, arrebatándole sus derechos sobre aquellas aguas para construir un acueducto hasta la ciudad de México. Los sacerdotes condujeron el agua con ceremonias, incensándola y sacrificándole aves; pero al llegar a Tenochtitlan, el golpe de agua se desbordó en forma tan bronca como inusitada, provocando una inundación en los jardines reales, donde Ahuízotl asistía a la ceremonia, lo que lo obligó a salir rápidamente de una de las salas de aquel lugar, golpeándose la cabeza con el dintel del pórtico en la huida, con lo que "quedó tan mal herido, de tal manera que con este achaque vivió muy enfermo hasta que vino a morir...", dice Ixtlilxóchitl.

Esta muerte fue para los indígenas otro de los augurios de los cambios que, según el temeroso corazón indígena, estaban próximos a ocurrir. Debe recordarse que al llegar los españoles a tierra americana desde 1492, y posteriormente adentrarse en tierra firme, la presencia de un pueblo y una nueva y extraña religión no debió ser desconocida del mundo mexicano, cuyo comercio se extendía hasta Centroamérica y, posiblemente, hasta Cuba, por la vía atlántica. En los años próximos a la llegada de Cortés, aguzada la sensibilidad mágica, ocurrieron señales que se tomaron como presagios de la caída del Imperio.

Ahuízotl fue enterrado con la majestuosidad propia de su rango; su cuerpo fue incinerado, y al real bulto le fueron impuestos la fúnebre máscara de turquesa, sus joyas y sus ricas mantas, y se le sacrificaron los esclavos y el perro para que lo acompañara, en el viaje de los muertos. Entonces los cuatro electores representativos de los cuatro calpulli de México eligieron al sucesor de Ahuízotl, Moctezuma II, "el señor sañudo o grave".

El niño Cuauhtémoc abría los ojos a la vida con la dolorosa experiencia de la muerte del padre y la magnificencia de las ceremonias de nombramiento de un nuevo monarca al que también le ligaban lazos de parentesco, ya que Moctezuma era tío del príncipe de Tlatelolco.

Entonces, su madre se convirtió en la responsable de una gran tarea: la educación. Dice el intérprete español del *Códice Mendocino*, que desde los tres años se educaba al varón mexica en la obediencia, la laboriosidad, la devoción a los dioses y la sobriedad, con tal severidad, que la educación azteca es un fiel testimonio de dureza, y algunas veces de crueldad.

Cuando Cuauhtémoc perdió a su padre, a los seis años, la alimentación del niño se reducía a una tortilla y media de maíz, régimen sobrio que sólo se habría de cambiar a los 13 años; en señal de humildad el niño debía acudir al *tianguis* o mercado, en este caso, al espléndido mercado de su propio señorío, Tlatelolco, a recoger los granos de maíz y frijol que los comerciantes dejaban derramados en el suelo, y a esa edad debió Cuauhtémoc formar su primer recuerdo de aquel vasto patio circundado de columnas en las que junto a las olorosas rosas, figuraban las legumbres y granos del país, la policromada loza de Cholula, el cristal de roca mixteco de los hechiceros (*íztac tehuílotl*), las pieles de las selvas surianas, las ricas plumas de los quetzales centroamericanos, y todo aquel mundo maravilloso que hizo escribir a Bernal Díaz del Castillo páginas que son modelo en la literatura americana.

La etapa de aprendizaje del príncipe siguió el curso natural de cualquier varón azteca, como él, nacido para la guerra y la glorificación del dios solar y de la tierra. El *Códice Mendocino* vuelve a ser nuestro informante: se les enseñaba a auxiliar a los padres en las tareas domésticas, a temer a los dioses, a ser diligentes en las labores, a ser humildes de espíritu, a ser sobrios en la alimentación, a obedecer a los mayores... Y ¡ay del desobligado, negligente o rebelde!, porque desde los ocho años empezaba la más dura corrección, con castigos que, como dice el intérprete de las pinturas, eran "tormentos graves, e incluso crueles": púas aguzadas de espinas de maguey eran clavadas en las tiernas carnes del niño; a los incorregibles se ataba de pies y manos, y desnudos se les castigaba en la espalda. En otras ocasiones eran azotados en las espaldas, y si con la edad el niño no corregía su conducta rebelde, se llegaba al más grave de los tormentos: humo de chile, quemado en brasas, que se le hacía aspirar por la nariz y los ojos, o se le ataba desnudo y se le dejaba sobre la tierra húmeda todo un día, hasta enseñarle la virtud de la obediencia.

No se sabe si Cuauhtémoc llegó a sufrir los rigores de estos castigos; pero, desde luego, la nobleza de origen no eximía al hijo del rey de la severidad propia de la educación mexicana.

En esos años, Cuauhtémoc debió asistir a las ceremonias de cambio de siglo, pues el 2 *Acatl* (1507) terminó la cuenta de los 52 años del siglo indígena. Al caer la noche del último día todos los hogares y templos de Tenochtitlan apagaron los fuegos, esperándose para encenderlos ritualmente hasta que a la medianoche la estrella *Yoaltecuhtli* (Aldebarán) se moviera pasando la mitad del cielo —signo de que la vida de la tierra y de los hombres se prolongaba otros 52 años por gracia de los dioses—. Ya que se comprobó que la estrella había cruzado la mitad del firmamento, los sacerdotes volvieron a encender el fuego frotando los maderos en la cúspide del cerro de la Estrella, para traer desde allá, en mística ceremonia, el fuego nuevo hasta el brasero divino del templo mayor, al cual debería acudir el pueblo a encender con unas teas de resina el fuego de sus casas.

Debieron asistir asustados los indígenas al tránsito de la estrella, pues de no ser así, al día siguiente no alumbraría más ese Quinto Sol. Los terremotos lo destruirían, y las *cihuateteo* —diosas que asociaban con los fuegos celestes— bajarían fantásticamente a devorar como aves de rapiña a los hombres. Y debe recordarse que los augurios de la proximidad de esta catástrofe estaban estimulados por señales como la del año anterior (el 1 *Tochtli*), en que la sequía había provocado una de las más espantosas hambres en la meseta. No es posible insinuar un retrato de Cuauhtémoc sin referir estos incidentes, ya que ellos constituyen el dato necesario para explicar la actitud psicológica de Moctezuma, el pusilánime monarca, y de su pueblo. Sólo Cuauhtémoc sería capaz de romper el mito.

En esta forma, Cuauhtémoc llegó a la adolescencia. El joven príncipe intentaría ahora conducir su propio destino, pues entre los 13 y 14 años —volvemos al *Códice Mendocino*— deberían los adolescentes internarse en los cercanos y solitarios bosques para traer leña y carrizos para e! servicio de la casa, remar lago adentro en las canoas para pescar los *juiles*, huevas, pescados blancos y truchas. Y sin la severa y vigilante mirada del padre, el mozo debería recorrer las serranías y lagos del valle de México para cumplir su tarea diaria. Y también fue así como Cuauhtémoc debió conocer por primera vez la gran belleza de su patria; así supo del olor a resina de los bosques de pinos de las serranías del Ajusco, de la majestad de sus volcanes nevados —el entonces amenazante Popocatépetl por el humo y por el fuego—, de los límpidos canales junto a las floridas chinampas, de los vegeles de lotos y lirios acuáticos. Todo el valle mexicano, con sus heráldicas serranías coronadas de nieve —paraíso del dios de las lluvias—, surgió de pronto ante la clara mirada del príncipe.

CAPÍTULO III

El calmécac; la casa del llanto
y la tristeza

Se supone que al cumplir 15 años, Cuauhtémoc cruzó el recinto del templo mayor, atravesando el pórtico divino y la gran muralla de serpientes que lo circundaban —símbolo de las faldas de la diosa Tierra—, hasta llegar al Calmécac, que era colegio y monasterio de la nobleza mexica, a donde los padres conducían a los jóvenes para el aprendizaje de las ciencias, las artes y, en especial, los misterios de la religión.

Calmécac significa literalmente "donde las casas están alineadas", quizás aludiendo a la ristra conventual del edificio, y era el centro de la enseñanza del país y lugar en que los adolescentes entendían por primera vez el esoterismo de los libros pintados, las ciencias políticas del mando, los ejercicios que los prepararían para la milicia, las tradiciones históricas, las observaciones astronómicas, la belleza de los cantares —que eran expresiva síntesis de la música, la poesía y la danza—, pero sobre todo, los conocimientos de la religión, pues ya se ha dicho que el Calmécac parecía más claustro conventual que colegio. Por eso, al llegar allí, se les preparaba para una vida ascética rigurosa.

El Ca'mécac era un lugar de templanza, abstinencia y ayuno. Allí fue donde Cuauhtémoc endureció su cuerpo en las prácticas más severas: barrió los templos humildemente y sahumó con devoción a sus dioses; durmió en el suelo para calmar sus apetitos sensuales; cortó leña en los bosques para el brasero divino y depositió ofrendas en los más apartados rincones de la serranía; oró contritamente y purificó su cuerpo con severos castigos; permaneció en vigilia hasta la medianoche para observar el tránsito de Aldebarán *(Yoaltecuhtli)*, o para bañarse en las aguas frías del estanque del recinto del templo...

También, Cuauhtémoc recibió allí las explicaciones básicas de su religión y de los principios cósmicos. Volvió a escuchar, sólo que ahora de los autorizados labios del sacerdocio, la explicación de los orígenes divinos: cómo la vida humana era un don de los dioses y sólo subsistía mediante la devoción y el sacrificio; cómo en cuatro apocalipsis, los dioses habían destruido a los hombres que no habían reverenciado a sus creadores; y cómo esa quinta generación, que era la suya, vivía gracias a la oración y al sacrificio, pues ese Quinto Sol que iluminaba todos los días, había empezado a caminar en la bóveda celeste sólo cuando los dioses mismos se habían sacrificado y los hombres habían empezado a ofrecerle corazones humanos, el precioso alimento del dios solar.

Además, allí se adentró Cuauhtémoc en los misterios del olimpo agrícola de su religión y en el conocimiento de un culto, principalmente el de Huitzilopochtli, dios solar y de la guerra, pues no debe olvidarse que Cuauhtémoc era un caballero águila, cuya devoción primordial, por lo mismo, era la del dios guerrero, el siniestro Huitzilopochtli, cuyo atavío totémico era el águila solar. Quizá también Tezcatlipoca, el ubicuo dios de la noche y la maldad, patrón de los hechiceros, debió recibir el ritual del joven príncipe azteca, pues Huitzilopochtli sólo parece tratarse de una variante mexicana de lo que antiguamente fuera Tezcatlipoca. Pero, desde luego, otra deidad fundamental cuyo culto aparecía relacionado fue Tláloc, el germinador, el que reverdecía los campos y fructificaba las mazorcas del maíz, una deidad benévola que a veces se transformaba en un dios maléfico, pues retiraba sus aguas y provocaba sequías y hambre arrojando lluvias en exceso para devastar los campos y pudrir lo sembrado.

Por esto, en aquel recinto del Templo Mayor, circundado por el muro de serpientes, estaba la pirámide central con sus dos *teocalli* o "casas de los dioses", dedicados a las dos deidades fundamentales de la mitología mexicana: Huitzilopochtli, dios solar y de la guerra, y Tezcatlipoca, dios de la noche y de los hechiceros. El Dios Águila y el Dios Tigre.

Aunque también otros dioses se volvieron comprensibles y familiares para Cuauhtémoc en este lugar, como son: Quetzalcóatl, dios creador y de los vientos, cuyo disfraz totémico era la serpiente emplumada; Tlaltecuhtli, señor de la tierra, cuya mujer, Coatlicue, la de la falda de serpiente, era el manto de la tierra que devora a los hombres y a los soles; Mictlantecuhtli, el dios de los muertos y príncipe de las moradas oscuras; Xipe, patrón de los plateros y dios del reverdecimiento en la primavera; Chalchiuhtlicue, "la de la falda de jade", diosa de las aguas, de los ríos y de las lagunas; los dioses del maíz, como Cintéotl y Xilonen, la tierna espiga del maíz; los dioses de las flores y de las danzas, Xochipilli, "el señor de las flores", y Macuixóchitl, "cinco flor".

CAPÍTULO IV

La historia de un pueblo

Fue precisamente en el Calmécac, donde Cuauhtémoc recibió la enseñanza fundamental de su vida: la historia de su pueblo. Podemos imaginarnos a los sacerdotes de Tenochtitlan desplegando los libros pintados en papel de amate, y describiendo e interpretando las escenas dibujadas con vivos colores.

En el año 1 *Técpatl*, correspondiente al 1116 de nuestra era, su tribu abandonó Aztlán, el lugar mítico de la blancura o de las garzas, una lejana isla en el norte de México. En ese tiempo eran chichimecas, es decir, cazadores que portaban arcos y flechas y vestían toscas pieles de animales; eran hordas errabundas que perseguían los venados y bisontes de las planicies septentrionales del país. Teoculhuacan, "el divino cerro corcovado" —que se ha creído que es el actual Culiacán—, fue el primer lugar que tocaron en esa penosa peregrinación que los convirtiera en vagabundos y parias durante varios siglos; allí levantaron su primer adoratorio al Dios tutelar azteca, Huitzilopochtli, quien les señalaría su futura patria y hogar. Después vino Tamoachan, el lugar donde el árbol se quebró, en donde los mexicas se separaron del resto de tribus nahua-chichimecas, de los xochimilcas, tlaxcaltecas, pobladores de Cuernavaca, acolhuas (los de Texcoco), etc.; con lágrimas en los ojos, aquellas tribus hermanas acataron la orden del dios que los separaba.

Los lugares que recorrieron después en su migración son ya conocidos e históricos. Atrás quedaban las desoladas y solitarias estepas del Norte, el Teotiapan, las "tierras divinas", el lugar de la aridez y de las hordas cazadoras. Habían llegado a Tula, a mediados de aquel siglo. Pero el antiguo y venerado santuario de Quetzalcóatl había sido arrasado, y sus ruinas les recordaban que precisamente su destrucción por las hordas chichimecas fue la señal de que las ricas tierras del Sur quedaban abiertas a las migraciones septentrionales. Por esos rumbos otomíes, hoy del estado de Hidalgo, penetraron en el valle de México; en las suaves regiones del corazón de la altiplanicie, cuyas tierras fértiles y abonadas regularmente por las lluvias y serranías pobladas de pinares y espejeantes lagunas, habrían de poner término a su larga y penosa peregrinación.

El mismo Cuauhtémoc escribiría años más tarde, con poéticas y sentidas frases, la emoción que sus antepasados sintieron a la vista del valle de México. En una cédula redactada por el año 1523, en la que defendía como cacique de Tlatelolco los derechos de los tlatelolcas al usufructo de las isletas y riberas de la laguna de Texcoco, contra Texcoco decía: "Aquí ponemos y asentamos en la forma que hallamos la laguna grande, como atijereada; sus olas como plata y brillantes como el oro, tan fragante y olorosa, donde fundamos nuestro pueblo de Tlatelulco..." Y allí mismo, con sencillas palabras, recordó las tribulaciones de la migración de sus antepasados: "Nosotros los mexicanos fundamos este florido y fragante pueblo de Tlatilulco, y estando ya quieta y pacíficamente, se acordaron en sí lo que en su corazón sentían por los trabajos y desdichas que habían padecido, y [ellos, los antepasados] cantaron con gran tristeza y ternura un sonoro cantar los viejos antiguos de Tlatilulco, tocaron su instrumento engarzado de plata y esmaltado en ricas piedras [jade], al que llaman *teponaztle*", rememorando los "trabajos y calamidades", la llegada a Colhuacan caminando por la laguna en la que "se cobijaron con la lama del agua, viviendo entre carrizos y tulares, trayendo [y] cargando sus armas, y no dejando sus escudos o rodelas de preciosas y ricas plumas..."

En efecto, perseguidos y escondiéndose entre las espadañas, padeciendo hambres y derrotas, como la del 1 *Tochtli* (1298), cuando cerca de Chapultepec fueron desbaratados y sólo algunos milagrosamente conducidos por su dios lograron salvarse, se hubieron de acoger a la servidumbre de Colhuacan. Aquel sitio, Colhuacan, en los labios de los sacerdotes tenochcas, era el recuerdo de su cautiverio babilónico; allí tuvieron que darse como mercenarios y esclavos, porque la "gente sufría y estaba en la miseria", como escribió después un cronista indígena. Y fue allá, en Colhuacan —una pequeña villa indígena de ascendencia tolteca, cercana a la ciudad de México—, donde los mexicanos dieron el primer testimonio de su valor y decisión, pues fue allá en donde vencieron y derrotaron a los xochimilcas para los colhuas, y en donde para calificar cuantitativamente su victoria, cercenaron las orejas de sus enemigos. Las historias y crónicas fijaron la fecha de esta victoria, que marcó el fin de su cautiverio, pues sólo entonces se les dio su libertad en recompensa, el 12 *Tochtli* de su calendario (1322).

Todavía pasaron tres años desde su liberación, y al fin, en 1325, fundaron su patria y hogar. El omnipresente y poderoso Huitzilopochtli cumplía el milagro de la revelación; en un islote de una laguna los sacerdotes se encontraron con un águila parada sobre un montón de piedras en las que crecía un nopal, la que moviendo suavemente las alas llevaba en el pico el símbolo de la palabra guerra (*atl-tlachinolli*), es decir, el símbolo del fuego y la inundación, algo que equivalía a destrucción o guerra y cuya forma serpentina tomaron los españoles por una serpiente. Al fin el dios les había indicado el sitio de promisión, el solar futuro de la tribu, Tenochtitlan, un islote de tierras cenagosas, poblado de apretados tulares, huejotes y sabinos, pero en cuyo corazón manaba una límpida fuente y en el que las aguas salitrosas de la laguna los aislaban y protegían.

A pesar de esto, todavía tuvieron que rendir servidumbre algunos años y ofrecerse como aliados y mercenarios de guerra a una poderosa ciudad vecina, Azcapotzalco, que por entonces mantenía la hegemonía política del valle.

Como aliados de los tecpanecas de Azcapotzalco, pronto hicieron oír su nombre y se hicieron temibles en el valle mexicano, poblano y morelense. Fue así como cambiaron de organización social abandonando el viejo comunismo gentilicio —fundado en los clanes totémicos y en el consejo democrático de la tribu— y eligieron a sus primeros soberanos. Fue también en aquella isla en donde los mexicas se dividieron en dos fracciones tribales: la septentrional o tlatelolca, y la suriana o tenochca.

Pero aquel aislamiento dio pronto sus mejores frutos, pues la prosperidad y la independencia fueron sus consecuencias inmediatas. Por lo mismo, pronto llegó la hora decisiva; el 13 *Ácatl* de su cuenta (1427), el despotismo del soberano de Azcapotzalco exacerbó sus ánimos; algunos años antes los azcapotzalcas habían dado muerte al rey de Texcoco y usurpado el trono, persiguiendo al legítimo sucesor, Netzahualcóyotl. En 1427, asesinaron a los señores de México y Tlatelolco, colmando con esto la resistencia de las tribus mexicanas. Y en esta hora grave fue elegido Izcóatl como supremo señor por el electorado azteca, y fue este soberano quien condujo a su pueblo a la liberación final y a los inicios de su grandeza. Azcapotzalco fue arrasado, y la ciudad entera reducida a escombros y a mercado de esclavos, mientras en lo político, pudo instalar al legítimo soberano de Texcoco, a Netzahualcóyotl, con lo que sentó las bases de la confederación de las tribus nahuas que habían de señorear Anáhuac. México, Texcoco y Tacuba formaron la Triple Alianza.

Izcóatl (1427-1440) fue el primero de los caudillos de México; ya vencida la resistencia de Azcapotzalco y confirmada la victoria en Coyoacan, lugar subordinado a aquella ciudad, Izcóatl se preparó para someter a las tribus más poderosas del valle de México, y sojuzgó a los xochimilcas y a los chalcas. Más tarde sus conquistas rebasaron el valle de México y abarcaron el cercano valle de Cuernavaca, llegando hasta el actual Guerrero (Iguala).

Moctezuma Ilhuicamina, el viejo Moctezuma (1440-1469), sucedió a Izcóatl y lo sobrepasó en grandeza; con él se fundó definitivamente la grandeza imperial tenochca, y posteriormente, los mexicas se abrieron camino hacia la tierra caliente, con dirección al mar en el área totonaca, y hacia el Sur en la mixteca, la conquista del cacao, algodón, plumas y las piedras preciosas. La caída de Coixtlahuaca, en la Mixteca, fue la señal de irrupción mexicana hacia el mediodía; los valles de Cuautla y Cuernavaca quedaron incorporados definitivamente, en tanto que hacia Guerrero alcanzó nuevamente Iguala, Taxco y otras poblaciones comarcanas. Hacia la región otomí y mextiteca, se abrió paso hacia Tula y Atotonilco, y hacia la costa Oriental, después de someter parte del valle poblano (Huejotzingo, Cholula, etc.), avanzó hacia Cotastla, Tlapacoya y Huatusco.

El nombre de Axayácatl (1459-1481) debió tener para Cuauhtémoc una significación especial, pues si bien por su padre era mexica suriano, es decir, tenochca, por parte de la madre era mexica septentrional, esto es, tlatelolca, y precisamente fue Axayácatl el vencedor de la disidencia tribal de Tlatelolco y quien dio muerte al señor de aquel lugar, Moquíuix, su antepasado.

No obstante, ligado por sangre a los soberanos de México, debió recorrer vivamente, y aun con callado entusiasmo, las victorias del sexto señor de México. El valle de Toluca, es decir, la región matlatzinca, quedó subordinado al Imperio (Tenango, Calimaya, Zinacantepec, Toluca, etc.); en Tajimaroa, en las fronteras tarascas, fue detenido por esa tribu; pero en dirección al mar Oriental, el lugar divino en el que las aguas y el cielo formaban un todo, el Teopán Ilhuicatenco, fueron vencidas poblaciones de la importancia de Cotastla al Sur, Orizaba al Centro, y hacia el Norte, en dirección de la Huasteca, Tuxpan y otros lugares.

El corto reinado de Tízoc (1481-1486), a pesar de sus penetraciones iniciales hacia la región tlapaneca, no es muy importante en la historia militar, pero sí por el hecho de recordar que ese soberano fuera condenado a muerte por su incapacidad política y guerrera en un acto de justicia del electorado tribal, que seguramente quedó grabado en la memoria del joven príncipe por tratarse del hermano de su padre y a quien éste sucedería en el trono. También lo recordaría por tratarse del soberano que fundó y cimentó las obras del nuevo Templo Mayor, el que en solemne ceremonia habría de inaugurar su padre, Ahuízotl, el octavo rey de México.

El sucesor, Ahuízotl (1486-1502), revistió por lo mismo un interés excepcional para Cuauhtémoc, no sólo por tratarse de otro de los continuadores de la gran tradición imperialista de México, sino por el natural orgullo del hijo menor. Los 45 pueblos conquistados por él, según el *Códice Mendocino*, ampliaron los límites territoriales de México como sólo antes lo hiciera el Huehue Moctezuma I. Tlapa, Cozcacuahtenango, Coyuca y Acapulco fueron testigos de la expansión occidental en el área tlapaneca de Guerrero; Molango y otros pueblos registran una profunda penetración septentrional en el área mextiteca en el hoy estado de Hidalgo; mientras Tehuantepec, Teocuitatlán, Comitán, Momozintla, Huiztla y Mapaztepec, testimonian la extraordinaria expansión hacia el Sur, en el área de chiapanecos, chamulas y otras tribus de los actuales estados de Oaxaca y Chiapas.

El nombre de Ahuízotl, quien era muy religioso, iba ligado a la historia de la edificación del Templo Mayor, a cuya solemne inauguración, en 1487, habría de hacer traer más de 20 mil cautivos de la guerra tlapaneca, para su sacrificio ritual al dios solar de la tribu. La gran pirámide, el recinto de serpientes, el juego de pelota y el colegio mismo (Calmécac), le habrían de recordar la fuerza constructiva de su padre, el octavo soberano de México, y su sangrienta devoción.

El joven príncipe Cuauhtémoc.

Sin embargo, la desafortunada muerte de este soberano en 1502, que Cuauhtémoc recordara apenas en su niñez, daría origen al ascenso de un nuevo monarca, cuya vida y hechos le tocara vivir en parte; Moctezuma, "el señor sañudo", cuyo significado traduce metafóricamente Muñoz Camargo como "señor sobre todos los señores y el mayor de todos, y señor muy severo y grave, y hombre de coraje y sañudo, que se enoja súbitamente con liviana ocasión".

CAPÍTULO V

El señor de Tlatelolco: Cuauhtémoc

No es posible dilucidar con exactitud las batallas que en la época de Moctezuma sirvieron a Cuauhtémoc para alcanzar el grado de *tecuhtli*. Pero, presuntivamente, debemos imaginarlo en las incursiones que los ejércitos mexicas realizaran por aquellos años en Oaxaca y Chiapas y, desde luego, en las guerras floridas de Tlaxcala.

En efecto, las primeras guerras de Moctezuma Xocoyotzin, se emprendieron para rendir y pacificar la mixteca oaxaqueña (Achiutla, Nochistlán, etc.), y después para conquistar la región chiapaneca (Soconusco, Zinacantán, Huiztla, etc.). Por último, Moctezuma encaminó sus esfuerzos a conseguir la reducción de señoríos y ciudades de Oaxaca que resistían al poder de México. También fue en los postreros años del reinado de Moctezuma cuando los ejércitos mexicas emprendieron en gran escala las guerras floridas (*xochiyayáotl*), destinadas sólo a tomar prisioneros en la guerra e inmolarlos a sus dioses, pues debe observarse que los presagios de advenimiento de cambios asociados con la llegada de nuevos hombres debieron aumentar la religiosidad indígena. Y un señorío independiente, Tlaxcala, al que México había tolerado su autonomía, aun estando enclavado en su reino, fue el campo en el que anualmente los guerreros mexicanos acudían a las místicas batallas para tomar prisioneros y sacrificarlos al dios Huitzilopochtli.

Por otra parte, debemos señalar que el sentido indígena de la guerra, no era solamente el de destruir los ejércitos enemigos y dar muerte inmediata a los vencidos, sino el de vencer tomando prisioneros de guerra para después sacrificarlos en los *teocalli*, que eran pirámides del dios solar de la guerra. Esto explica que el rango de general *(tlacatécatl)* y consecuentemente el de señor o *tlacatecuhtli*, se obtenían mediante el comprobado cautiverio de un número de prisioneros en las guerras; la primera insignia la conseguían los jóvenes guerreros al tomar un prisionero, pues entonces se les otorgaba una manta cuadrada tejida con cuatro rosas; al que cautivaba dos enemigos, se le entregaba una manta de color naranja con cenefa rojiza, y ya podía portar el atavío militar de tocado cónico y escudo; al valiente que hacía tres prisioneros, se le daba una manta decorada con el corte de cuatro caracoles —la insignia de Quetzalcóatl— y podía ya vestir la divisa de plumas a la espalda, estilizando una mariposa; al guerrero que tomaba cuatro cautivos, se le premiaba con una manta partida diagonalmente con los colores negro y naranja, pudiendo entonces llevar un escudo engarzado con oro y su vestido de caballero águila; los rangos siguientes, para los que tomaban cinco o seis prisioneros, eran el de *otonti* y *quáchic*, y por último, se alcanzaba el grado de *tlacatécatl*, la jerarquía más alta de la milicia azteca, pues era el jefe de un ejército, grado correspondiente al de *tlacatecuhtli*, jefe militar y político surgido de la nobleza, cuyo tocado y "divisa de ricas plumas", dice el *Códice Mendocino*, así como su preciosa *tilma* o manta anudada al hombro, lo identificaba como un valiente que había participado en todos los actos guerreros.

Cuauhtémoc debió alcanzar estos rangos militares en las guerras de conquista de los señoríos independientes de Oaxaca y en los combates místicos de la *xochiyayáotl* o guerras floridas de Tlaxcala. Tomó prisioneros y realizó las hazañas que le permitieron un día ser elevado por el supremo señor de México, es decir, por Moctezuma, a la categoría de *tecuhtli* —a los que los españoles llamaron "caciques"—. Muñoz Camargo ha relatado con detalle todos los actos y ceremonias que se realizaban para la elevación de *tecuhtlis* en los señoríos de México y Tlaxcala.

Además, Muñoz Camargo señala claramente, que éstos debían ser *hijos* que por ascendencia eran caballeros rectamente, para así diferenciarlos de los que armaban caballeros siendo mercaderes ricos de origen, aunque no debe olvidarse que el comerciante mexicano antes que nada, era un guerrero que se atrevía a penetrar, muchas veces como espía, en territorios extraños. También observa Muñoz Camargo, que la riqueza de presentes con los que estaban obligados los nuevos *tecuhtli* a corresponder a los antiguos señores, originaba que sólo la más alta nobleza terrateniente pudiera alcanzar el grado, salvo que los "caciques cabezas y los más supremos que eran reyes, pues tenían mero imperio en sus tierras, horca y cuchillo", los armasen caballeros por merecerlo por sus "nobles y loables hechos".

Las ceremonias comenzaban con la horadación de las orejas, bezos y narices, para que así pudieran portar los joyeles de oro, jade y turquesas, propios de la nueva dignidad a la que iban a ascender, ya que su portación estaba restringida a la nobleza y se consideraba uno de los más graves delitos el que los ornamentos de *chalchíhuitl* (jade) fueran usados por la clase común.

A partir de ese momento, se iniciaban los 40 días de ayuno y penitencia en algún templo de la ciudad, de donde habrían de ser llevados a las ceremonias finales en el Templo Mayor: "En todo este tiempo no se lavaban, antes andaban todos tiznados y embijados de negro, y con muestras de humildad para conseguir y alcanzar tan gran merced y premio, velando las armas todo el tiempo del ayuno según sus ordenanzas, usos y costumbres entre ellos tan celebradas".

Por último, los supremos señores —los *tlacatecuhtli* o *hueytlatoani*, que los españoles llamaron reyes—, ya concluido el término del ayuno, "los armaban caballeros con muchas ceremonias... Eran llevados al Templo Mayor, y allí se les daban grandes doctrinas de la vida que tendrían y guardarían, y antes de todas estas cosas, les daban vejámenes con muchas palabras afrentosas y satíricas, y les daban de puñadas con grandes reprensiones, y aun en su propio rostro... Allí les daban públicamente sus arcos, flechas y macanas, y todo género de armas usadas en su arte militar. Del templo, eran llevados por calles y plazas acostumbradas, con gran pompa, regocijo y solemnidad. Les ponían [finalmente] en las orejas orejeras de oro, y bezotes de lo mismo y en las narices, llevando delante de ellos muchos truhanes y chocarreros que decían grandes donaires..."

El acto final de esta consagración, consistía en que de casa en casa el nuevo *tecuhtli* debería acudir a hacer grandes presentes a los antiguos señores. Les llevaban esclavos, oro y piedras preciosas, plumas finas, escudos y otras armas.

De esta manera, en 1515, Cuauhtémoc alcanzó el rango de *tecuhtli* y pudo ser señor de Tlatelolco, la patria de los mexicas septentrionales y tribu a la cual pertenecía por herencia materna. Aquella fracción tribal había perdido su independencia desde tiempos de Axayácatl, y era regida por señores nombrados por los soberanos de México-Tenochtitlan. Así que tocó a Moctezuma Xocoyotzin pronunciar las palabras rituales de la ceremonia del Templo Mayor que permitieron a Cuauhtémoc alcanzar la lugartenencia o gobierno por delegación de Tlatelolco. Dicen *Unos anales históricos:* "Y aquí [en Tlatelolco] se sentó como soberano el Quauhtemoctzin Tlacatecuhtli Xocóyotl en el año *10 Ácatl.* Cuando la gente de Castilla llegó aquí, hacía cuatro años que era soberano aquí en Tlatelolco".

CAPÍTULO VI

El regreso de Quetzalcóatl

Mil años antes de que los mexicanos fundaran México-Tenochtitlan, debió surgir en la altiplanicie mexicana un nuevo culto, en parte totémico, el de Quetzalcóatl, "la serpiente engastada de plumas preciosas de quetzal". Un testimonio grandioso y barbárico de este culto, quedó eternamente grabado en las piedras de Teotihuacán y Xochicalco, es decir, en dos antiguos santuarios que en tiempos aztecas eran ciudades deshabitadas.

En la mitología indígena Quetzalcóatl, era una divinidad creadora, un dios que en los oscuros principios se asociaba al viento *(Ehécatl)* y al que se suponía formador del hombre, pues habiendo robado los huesos de los antepasados los regó con su propia sangre para dar origen a la humanidad, disfrazándose más tarde de hormiga para robar del Tonacatépetl o cerro de la Abundancia, un grano de maíz para la alimentación del hombre. En la mitología teotihuacana, el culto del dios Serpiente Emplumada apareció asociado al culto de otro Dios benévolo, Tláloc, señor de las lluvias y de las cosechas.

Algunos siglos después, cuando ya Teotihuacan era una ciudad en ruinas y un bárbaro incendio había convertido sus templos en cenizas, nació en Tula un personaje al que las crónicas llamaron por la advocación de su sacerdocio Quetzalcóatl, y al que la leyenda y el mito han oscurecido hasta elevarlo al olimpo mexicano como símbolo de Venus; su nombre real calendárico por su día de nacimiento fue el de *Ce Ácatl, 1 Caña*, pero también se le llamaba Topiltzin y Tlamacazqui, es decir, el Príncipe y el Sacerdote, como soberano y sacerdote de Tula.

La leyenda que se formó alrededor de ese enigmático personaje, sin duda histórico, es uno de los temas más apasionantes del mundo prehispánico. Se sabe que nació en el año *1 Caña, 947,* y pronto alcanzó, según los *Anales de Cuauhtitlán* —manuscrito indígena que consigna el relato legendario—, la dignidad de sacerdote —rey de Tula, en el santuario hidalguense—. Quetzalcóatl —a quien cronistas de la segunda mitad del siglo XVI, como Ixtlilxóchitl y Durán, recuerdan como un sacerdote blanco y barbado—, acabó por pasar a la historia como expresión de castidad y sabiduría, pues fue él quien enseñó a los toltecas el primor de sus oficios, el arte de los metales, la cerámica, la riqueza y el engarce de las piedras, así como la factura de los mosaicos de plumas preciosas. Como sacerdote, sólo oraba con ayunos y penitencias a los dioses del firmamento, sin consentir en ningún modo en "sacrificios humanos... porque amaba mucho a sus vasallos, que eran los toltecas, sino que su sacrificio era siempre sólo de culebras, aves y mariposas que mataba". Esto provocó el odio de los sangrientos dioses, que procuraron escarnecerlo y tentarlo hasta hacerlo sucumbir; primero lo obligaron a contemplar un espejo de obsidiana —es decir, el mágico reflejo, el desdoblamiento—, en el que con horror comprobó la senectud de su rostro; en seguida, cuando Quetzalcóatl había optado por encerrarse en su templo de Tula, en ayuno y abstinencia, fue tentado por otra deidad, pues con adornos de plumas *(apanecáyotl)* y máscara de serpiente en mosaico de piedras preciosas lo engalanó con tal esplendor, que Quetzalcóatl acabó por abandonar su enclaustramiento, y después, Tezcatlipoca logró que tomara una bebida alcohólica, el pulque, al que fermentó del corazón del maguey y con el que embriagó al sacerdote y príncipe, quien así perdió su reputación y su castidad en el incesto, y su vida de ayuno y sobriedad. Avergonzado al amanecer siguiente, Quetzalcóatl abandonó Tula, seguido por muchos devotos que lloraban amargamente el pecado del rey-sacerdote, y corriendo con él a través de las serranías alcanzaron el mar del Oriente en el lugar llamado Tilan Tlapallan Tlatlayan, es decir, el "lugar rojo, negro y en combustión", que se ha pretendido identificar con Tabasco. Allá desapareció, allá murió por su propia decisión; en una gran hoguera se arrojó, no sin antes anunciar su regreso, y fue consumido por las brasas hasta que surgió su corazón, divinizado, transformándose en la estrella Venus, la estrella del alba que surge por Oriente *(Tlahuizcalpantecuhtli)*.

La existencia de un personaje que desapareció profetizando que en el curso de los años regresaría y que su espíritu victorioso terminaría con los señoríos indígenas, parece fuera de duda histórica, aunque por desgracia su presencia real quedó oscurecida por el mito y sepultada en indescifrables signos.

Representación de Cuauhtémoc
en papel moneda.

Por esta razón, cuando Cortés —con fortuna singular— desembarcó en el mar Oriental, en Veracruz, el año *1519*, equivalente al *1 Caña* de su calendario, los indígenas no dudaron que se trataba del regreso de Quetzalcóatl. Cortés mismo nos lo ha consignado, ya que durante su primera entrevista con Moctezuma dice que éste lo identificó como el descendiente de Quetzalcóatl, que volvía a sus antiguas tierras.

De manera significativa, Moctezuma envió a Cortés a las playas de Veracruz sus atavíos que lo revestían de los emblemas de Quetzalcóatl, como el tocado costeño de largas plumas de quetzal que simulaban un águila caudal descendente (el *apanecáyotl*), y la máscara de turquesas decorada en dos serpientes enlazadas, que Cortés remitiera a Carlos V junto con el espléndido presente que acompañara a los atavíos del dios —como sus libros, mantas, jades y joyeles de oro—, y que el rey español dispersara en su viaje para ser coronado emperador de Alemania, entre los príncipes y reyes de Europa, quedando el tocado en Viena y la máscara en Londres. Con el envío recibió Cortés dos códices mixtecos, el *Vindobonensis* y el *Nuttall*, que Moctezuma creía enviarle a Quetzalcóatl, atento a que en ellos se hablaba de su historia como sacerdote y príncipe de Tula.

CAPÍTULO VII

Los *teules* llegan a la costa de jade

Al llegar Hernández de Córdoba, en 1517, a la costa del Yucatán mexicano, Europa ya dominaba la geografía del mundo. Cristóbal Colón había alcanzado hacía algunos años tierra firme, Vespucio había identificado un nuevo continente, Vasco de Gama después de doblar el cabo de Hornos, había anclado en la India, mientras Cabral, Pinzón y otros, recorrían las costas de América del Sur, y los Cabot y Ponce de León, Norteamérica. Quedaban dos rincones americanos, que eran los más poderosos para la codicia española, México y Perú, y restaba un gran viaje que significativamente realizaran los españoles al tiempo de la conquista mexicana, el de Magallanes y Elcano (1519-1521), de circunnavegación en el mundo.

La isla de Cuba, como antes Santo Domingo, fue el centro colonizador que había de dispersar de sus costas a los futuros pobladores. En febrero de 1517, 110 españoles, capitaneados por Francisco Hernández de Córdoba, embarcaron en cuatro navíos conducidos por un piloto que fuera grumete en el cuarto viaje de Colón y uno de los compañeros de Ponce de León en el descubrimiento de la Florida: Antón de Alaminos, quien aprovechando las noticias que recibiera Colón durante su paso por Honduras, desvió la expedición hacia el Poniente, y pocos días después, alcanzaba una isla situada frente a las costas de Yucatán: Isla Mujeres. Allí, Hernández de Córdoba y su gente pudieron contemplar admirados un mundo que no les recordaba para nada la pobreza y la penuria de las áreas antillanas; los templos eran de cantería labrada, los vestidos de algodón y los joyeles de oro y otros metales. Animados por el fabuloso hallazgo, la expedición empezó a costear aquella península —de la que Alaminos creyera que era una isla— alcanzando el cabo Catoche, en una de cuyas aldeas sostuvieron los españoles su primer encuentro con la población nativa y en donde tomaron cautivos a dos mozos indígenas que bautizaron con los nombres de Julianillo y Melchorejo, los futuros intérpretes de la expedición de Grijalva. Siguiendo la ruta de la costa, Hernández de Córdoba arribó a tierras de Campeche y, en la región extrema sur, Champotón, las que en recuerdo de los españoles se mencionará en el futuro con el nombre de costa de la Mala Pelea.

Después de recalar en Champotón, al atardecer pretendieron los españoles llenar de agua sus toneles, pero cercados por los escuadrones indios prefirieron acampar hasta el amanecer siguiente. Antes que pudiesen embarcar, los indígenas atacaron en formaciones que no sospechaban hasta entonces los españoles; perfectamente equipados con lanzas, macanas de dobles filos de obsidiana, arcos, hondas y escudos, así como suntuosos tocados de plumas y pintorescas banderas, los escuadrones indios pronto abatieron al pequeño grupo con una táctica que asombró a los españoles. Bernal Díaz habrá de recoger una noticia de Aguilar, años más tarde, de que el caudillo de esta pelea fuera un español náufrago, ungido cacique maya, Guerrero, quien con las orejas y la nariz perforadas, casado ya con una india maya, jamás quiso volver a los suyos. Concentraron su ataque en el capitán Hernández de Córdoba, al que hirieron de 10 flechazos al grito de *Halach Uinic* (el señor, el jefe). Pronto la expedición se vio diezmada y empujada para salvar las vidas, a las naves, perdiéndose más de la mitad de los españoles en aquella derrota de las arenas de Campeche.

Humillado y sediento, el resto de los españoles regresó a la Florida, y desde allí a Cuba con la noticia de un nuevo mundo en aquellas tierras. Pocos días después murió el capitán de la expedición, Hernández de Córdoba, a consecuencia de las heridas de la costa de la Mala Pelea.

El gobernador de Cuba, Diego Velázquez, a quien los escritores de la época describen como un hombre ambicioso y ventajista, cuyo excesivo cálculo lo convertía en un sujeto frío, incapaz de tomar por sí cualquier empresa que significase comprometer su fortuna o la vida, designó a un capitán joven, Grijalva, quizá más que por su parentesco — que algunos escritores enterados como Las Casas niegan—, por su inquebrantable fidelidad, y no por su capacidad o audacia para dirigir la expedición.

Salió de Cuba el primero de mayo, y tres días después descubrió la isla de Cozumel. Allí comprobó una noticia que desde la expedición de Hernández de Córdoba tenían los españoles: la existencia de cristianos en Yucatán. Después de algunos días, Grijalva abandonó Cozumel y se fue por la costa yucateca en dirección al Sur, pasando frente a ciudades coronadas de torres (pirámides), entre ellas, alguna que parecía tan grande, "que la ciudad de Sevilla no podría parecer mayor ni mejor", dice el cronista anónimo y capellán de esta expedición, aludiendo quizás a la aldea arqueológica costeña de mayor importancia frente a Cozumel, la hoy ruinosa Tulum. Pero habiendo vuelto las proas al Norte, la expedición llegó a Isla Mujeres, en donde los indios, después de encender un sahumerio, anunciaron que combatirían a los blancos si al consumirse el copal no habían regresado a sus naves. Grijalva, a pesar de su mesura, tuvo que combatir, por cierto con éxito singular, después de lo cual continuó por Yucatán hasta llegar a la costa de la Mala Pelea. Allí pasaron de largo con el descontento de la tripulación, según el clérigo Juan Díaz citado; pero Bernal Díaz, afirma que los expedicionarios desembarcaron, lo cual realmente ocurrió durante el regreso a Cuba, y aunque combatidos encarnizadamente, rechazaron el ataque, no sin contar a siete soldados muertos y al propio Grijalva herido de tres flechazos. Habiendo enfilado Grijalva hacia el Norte, llegaron a la laguna de Términos y al río de Tabasco, al que pusieron por nombre Grijalva. El joven capitán remontó el río hasta llegar a una aldea maya, en donde utilizando eficazmente a sus dos intérpretes mayas, Julianillo y Melchorejo, hizo saber a los ya apresados soldados indígenas, que sólo buscaba rescate, alimentos, agua y oro. El trueque fue convenido, pero a la vista del escaso metal rescatado, los indígenas dijeron que lo encontrarían en abundancia hacia donde se pone el sol, "Culúa, Culúa, México, México". En Tabasco, terminaba el área maya; en adelante, los intérpretes indios esclavizados por los expedicionarios de Córdoba resultarían inútiles. Grijalva, por otra parte, no tuvo la suficiente previsión para adueñarse de un indígena de la nueva lengua que sirviera después como intérprete.

A partir de Tabasco, el paisaje de la costa cambiaría totalmente por la presencia de altas serranías y grandes ríos. Pasaron a lo largo del Tonalá y del Papaloapan —al que llamaron de Alvarado, por la entrada que ese capitán hiciera—, y llegaron a la desembocadura del río de Cotastla, al que llamaron de Banderas, y más tarde de Medellín.

Cotastla, pueblo de tierra adentro, era un "presidio o fortaleza" de la gente mexicana. Allí desembarcó Montejo y presenció el espectáculo de un mundo poderoso, pero pudo comprobar que el señor del lugar lo recibía ceremoniosa y pacíficamente. El infortunio, sin embargo, acompañaba al joven capitán; allí Julianillo no podía entender la lengua y, por lo mismo, no pudo darse cuenta cabal de lo que pasara con motivo de su arribo a las tierras de Moctezuma. Bajo frescas enramadas fueron regalados con mantas, maíz, pavos y tamales, y sentados en esteras de petate, cubiertas de finas mantas tejidas; fumaron el oloroso tabaco y empezó el rescate de una riqueza que hasta entonces no sospecharan.

Los españoles estuvieron 10 días en la desembocadura del río de las Banderas.

Grijalva volvió a embarcar, no porque no llevase instrucciones de poblar, sino porque le faltaban alimentos y su gente estaba muy dividida en opiniones, por esto prefirió contentarse con el rescate. Enfiló nuevamente al Norte y después de desembarcar en isla de Sacrificios y en San Juan de Ulúa, frente a la actual Veracruz, costeó hasta el río de Tuxpan y Pánuco —en el área de los belicosos huastecos—, y como había decidido regresar, viró al Sur y enfiló hacia Cuba.

Mientras sucedía esto en la provincia de Cotastla, en las costas de jade, como era llamado el antiguo Veracruz (*Chalchicueyecan*, "donde las faldas o riberas son de jade precioso", aludiendo al mar), ¿qué sucedía en la imperial Tenochtitlan? Es difícil trazar un cuadro certero de los acontecimientos sucedidos en la Corte de Moctezuma, pero algunas fuentes —cuyo original indígena que las inspiró no ha llegado hasta nosotros, como son el *Códice Ramírez*, Tezozómoc y Durán— nos han transmitido noticias del desembarco en Cotastla, que por cierto equivocan atribuyendo a Cortés, pretendiendo que existiese comunicación entre ellos por haber utilizado a una intérprete india; sin embargo, del núcleo de este relato se desprenden datos cuya veracidad no se puede poner en duda.

Moctezuma recibió un día de junio la fatal noticia: en el mar del Oriente se movían casas grandes como cerros. Un indígena de Mictlancuauhtla —"la selva del lugar de los muertos", pueblo hoy desaparecido de las riberas del río de Cotastla, quizás entre la actual Medellín y Veracruz— corrió a informar al monarca de México, cómo en las aguas divinas del mar Oriental se movían extrañas casas o cerros que eran cosa "espantosa y de admiración" (Durán). Este grupo de cronistas no desaprovecha la ocasión para presentarnos, alrededor de este suceso, otro de los agüeros que habrían de turbar el corazón del monarca: el indio hechicero, al que se presenta sin orejas y dedos, que fue encarcelado por el rey, pero desapareció de la celda sin dejar huella.

Moctezuma envió a un sacerdote, a un *tlilancaluhqui* y a un esclavo, Cuitlalpítoc, a informarse con Pínotl el recaudador *(calpixque)* y señor de Cotastla. Éstos recorrieron las arenas de la costa y pudieron comprobar la verdad del suceso. Cuando Moctezuma recibió esta noticia, dice Tezozómoc, "estaba cabizbajo, que no habló cosa ninguna".

Con sus enviados Moctezuma remitió a Veracruz el trabajo de sus orfebres, joyeros y artistas de la pluma. Una rica ofrenda con el deseo de que los dioses o *teules* se regresaran por el mar del Oriente y, además, con la orden de que se informasen si quien retornaba era el dios de Tula, Quetzalcóatl.

—"Pues se tiene por cierto —dijo a su sacerdote— que ha de volver, y éste que ahora vino debe de ser, pues dejó dicho en Tulan, que de todo había cumplimiento de sus tesoros y de todo género en este mundo, y que regresaría de donde iba al cielo a ver al otro dios, que es llamado el lugar a donde iba Tlapalan, que fue por el mar arriba y, en efecto, debe de haber vuelto a gozar lo que es suyo; pues este trono, silla y majestad suyo es, que de prestado lo tengo".

Con estas palabras, que después repetiría a Cortés, mandó toda clase de alimentos indígenas. Si aquellos seres comían aquellos manjares, eran efectivamente los hombres de Quetzalcóatl. Los españoles, continúa nuestro informante indígena, primero exigieron a los indios que ellos probasen los bocados y después dieron fin deleitosamente a las tortillas, frijoles, tamales, pavos, venados en barbacoa, moles, quelites, bebidas de cacao y frutas tropicales. En reciprocidad, los españoles enviaron a Moctezuma, junto con algunos collares de cuentas de cristal, dos panes viejos y algo de vino que Moctezuma hizo reverentemente llevar a Tula y enterrar en el santuario de Quetzalcóatl.

También Moctezuma hizo que sus mensajeros dirigieran a un pintor para que retratara a los recién llegados, y cuando miraba porfiadamente las naos y sus castellanos, llamó a los más prestigiados hechiceros de su imperio, los brujos de Malinalco, Chalco, Cuernavaca, Míxquic y Tláhuac, para que le describiesen a los dioses que sus profecías anunciaban que habrían de regresar. Unos los describían como monstruos, otros como seres humanos dotados de virtudes mágicas y de valores extraordinarios; pero ninguno se parecía al dibujo del pintor. La leyenda dice, que un hechicero anciano de Xochimilco describió a los recién arribados exactamente como lo hacía el retrato pintado, en sus cabalgaduras de *Tonacamázatl*, es decir, los venados solares. Entonces, Moctezuma enmudeció y "lloró amargamente".

Lo que haya de verdad en el fondo de esta leyenda, es algo difícil de discernir. Que Moctezuma y su Imperio identificaban a los advenedizos como hijos de Quetzalcóatl, o Quetzalcóatl mismo, es muy cierto; que dentro del error de este mito enviara ricos presentes, también es materia comprobada. En la mentalidad indígena no cabía duda de que las profecías se habían cumplido. Por tanto, Moctezuma debió callar y llorar amargamente, como toda su gente.

Sin embargo, ignorante por no tener intérprete, Grijalva sólo se redujo a recibir el rico presente y enviarlo a Cuba con Alvarado, poco antes de su regreso, para que de allí lo remitiera el gobernador Velázquez al emperador Carlos de España.

CAPÍTULO VIII

Hernán Cortés

En 1519, el día 10 de febrero, un hidalgo extremeño de Medellín, llamado Hernán Cortés, dejaba las costas de Cuba para iniciar la más sorprendente conquista del mundo indígena. Había nacido en 1485, y era hijo de un hidalgo de poca hacienda y mucha honra, según Gómara, que representa el biógrafo incondicional, o de un "escudero muy pobre y muy humilde", conforme Las Casas, quien ciertamente no se distingue por su particular afecto a la memoria de Cortés. Hijo de hidalgo o escudero, siempre se conviene en la infancia estrecha y enfermiza de Cortés, a la que siguió una juventud pródiga en aventuras y fracasos. A la edad de 14 años, fue enviado por sus padres a cursar el bachillerato y el doctorado en leyes en la ya famosa Universidad de Salamanca; pero, insolvente o fracasado, tuvo que cortar sus estudios en el segundo año y retornar, como el hijo pródigo, a la casa paterna. Poco tiempo después, sin embargo, habría de abandonarla definitivamente para marchar al sur de España, en donde vagó, "a la flor del berro", como dice Gómara. Diversas circunstancias, entre otras el malograr su viaje a Italia, lo empujaron a decidir su destino por la ruta de Indias, y en 1504, a los 19 años de edad, se embarcaba para Santo Domingo.

En la isla, el gobernador Ovando le dio encomienda de indios, y fijándose en sus años de estudios salmantinos, la escribanía del lugar. Así empezó Cortés a aprovechar su malogrado doctorado en leyes que le diera fama de bachiller y latino. Su natural astucia y los conocimientos adquiridos en la Universidad, le labrarían un prestigio que le permitió granjearse voluntades y empleos.

Por 1511, Cortés volvió a desarraigarse dejando Santo Domingo para poner a prueba su destino en la conquista de las islas cercanas a Cuba. El fracasado estudiante y el aventurero desesperado acompañaba a Diego Velázquez como criado (Las Casas), u oficial del real tesorero (Gómara). Por otra parte, no hay duda que la básica experiencia militar de Cortés en relación con la mentalidad y táctica de los indígenas, la debió a su participación en las batallas de Cuba. Pero pacificada rápidamente la isla, Cortés recibió recompensa en indios esclavos, a los que "sacó gran cantidad de oro... y en breve llegó a ser rico", dice Gómora. En Cuba conoció y se asoció con el enriquecido Andrés de Duero.

En esta etapa de su vida hay un incidente de importancia: su rivalidad y disputa con Diego Velázquez, gobernador de Cuba. Los amores con su futura esposa, Catalina Xuárez, *La Marcaida,* una bella mujer granadina, le acarrearon la persecución de Velázquez, quien por sus relaciones con los parientes de ella no cesó hasta verlo casado. Las Casas, no obstante, niega las aventuras relatadas por los apologistas de Cortés, su encarcelamiento y fuga, su segunda prisión al ser sorprendido al salir de la iglesia en la que se había amparado y, finalmente, su nueva fuga del barco en el que iba a ser llevado prisionero, para al fin presentarse —por propia decisión— a Velázquez, al que sorprendió y obligó a hacer las paces definitivas. Las Casas, dice que en realidad Cortés encabezaba a los enemigos de Diego Velázquez, y había pretendido embarcarse con documentos comprometedores para el gobernador, rumbo a Santo Domingo, por lo que reducido a prisión, sólo la indulgencia de Velázquez lo salvó y le permitió rechazar su amistad. En todo caso, su enlace con Catalina Xuárez allanó el camino para la amistad con el gobernador y le encontró al tiempo del descubrimiento de México en los mejores términos con él.

Era el año 1517, cuando se extendió por las islas un sorprendente rumor: el hallazgo de las tierras de Hernández de Córdoba. Pero el destino no quiso que el descubridor de esas nuevas tierras fuera su conquistador, pues apenas acababa de regresar Hernández de Córdoba, cuando murió a consecuencia de las heridas recibidas en Champotón, lo que permitió al acomodaticio gobernador Velázquez hacerse dueño de la empresa y designar al segundo capitán de la expedición. Mas el fracaso de Grijalva, su incapacidad para el mando, sus rencillas con quienes querían poblar y el infortunado envío prematuro de las joyas aztecas, labraron la desgracia del joven capitán. Ante esta situación, el camino para una nueva designación en la próxima expedición quedó allanado; el obeso y acomodaticio Velázquez, incapaz de oír la voz de la fortuna y tomar la empresa para sí mismo, escuchó los consejos de sus dos privados, aliados de Cortés, su secretario Andrés de Duero, y el contador del rey, Amador de Lares, y designó al extremeño como capitán de esa nueva expedición.

Cortés tomó la empresa con entusiasmo insólito; iba a decidir su destino en aquella aventura y en ella puso su fe entera y hasta la última plata de su regular fortuna. De inmediato cambió su manera de vestir, tomando los ropajes de un gran capitán —lo que le acarreó la maledicencia y originó los recelos naturales —. Los partidarios y parientes de Velázquez, en efecto, no podían disimular su desconfianza hacia Cortés, pues a nadie escapaba su poder de atracción y su extraordinaria personalidad, más para mandar que para ser un subordinado. La intriga contra el tercer expedicionario llegó hasta conseguir que Velázquez rectificara su designación; pero Cortés, antes de que consumara el despojo, abandonó apresuradamente el puerto de Santiago y se hizo a la vela, alcanzando primero La Trinidad y después La Habana; en este último puerto, comprobó la existencia de órdenes para quitarle el mando y enviarlo preso a Santiago. Pero ya era tarde; Cortés había hecho amigos, aun entre los parciales a Velázquez y partidarios entre los indecisos; además, había logrado algo más importante: respeto y temor. Al abandonar Cuba en febrero empezó a manejar hábilmente sus ofrecimientos de poder, oro y títulos para los suyos, adulación para los débiles y energía para los de carácter; para entonces ya era temido, aun por capitanes decididos y con experiencia, como Alvarado. Cortés abandonaba sus estancias, comodidades y riquezas de Cuba a los 34 años para enfrentarse con un mundo desconocido.

El cronista Bernal Díaz describe al conquistador. El anciano soldado, como si lo tuviera a la vista, nos ha suplido su retrato admirablemente: era de buenas proporciones y rostro ceñudo, pero de mirada a la vez grave y amorosa; era afable y de conversación franca —Las Casas nos dice que hablaba demasiado y solía ser gracioso en la conversación—. También lo recuerda como gran señor en el comer y en el vestir, "travieso sobre mujeres", "algo poeta". Añade que era porfiado hasta ser testarudo, como se vio en la expedición de Hibueras, y no deja Bernal Díaz de ponderar siempre el valor desmedido de Cortés, como lo mostró en lo de Narváez, pues "qué atrevimiento y osadía fue que con dádivas de oro y ardides de guerra ir contra él". También lo llama en otro capítulo: "valeroso y esforzado... muy esforzado sobre mandar y ser temido". Sin embargo, Bernal Díaz deja deslizar dos calificativos que complementan admirablemente el retrato del conquistador: sagaz y mañoso.

Éste fue el hombre que el destino enfrentó a Cuauhtémoc. Su grandeza, por otra parte, no sería posible medirla sin tener presente la grandeza del héroe mexicano. Pero hay algo más que no es posible omitir en esta tentativa de semblanza del conquistador: si en lo religioso Cortés era un hombre de la Edad Media, en lo político era un hombre del Renacimiento.

CAPÍTULO IX

Cortés tiene al mejor aliado

Cuando Cortés partió de La Habana con rumbo a Cozumel, llevaba 11 navíos. La nave capitana portaba una bandera con unos fuegos blancos y azules y una cruz bermeja en el centro con las siguientes palabras que el latino Cortés debió redactar: *Amici, sequamor crucem, et si nos fidem habemus, vere in hoc signo vincemus* ("Hermanos y compañeros —traduce Bernal—, sigamos la señal de la Santa Cruz con fe verdadera, que con ella venceremos"). En Cozumel, pocos días después, Cortés hizo el primer alarde de su fuerza con 508 soldados, sin contar la marinería, 16 caballos y yeguas, 32 ballesteros y 13 escopeteros; y al abandonar la despoblada ciudad, Cortés testimoniaba la hostilidad del nuevo país.

Allí pudo comprobar las noticias de la existencia de cristianos, y también pudo enviar mensajeros a la costa con cartas para aquellos desconocidos *castilan* de que hablaban los indios. Cortés fijó un término prudente para esperar; pero, agotado el tiempo, volvió a embarcar rumbo a Tabasco. Un hecho, que los cronistas no dejan de interpretar como una ventura divina, hizo volver a la isla a aquella expedición; el navío en que se llevaban los bastimentos hacía agua y tenían que repararlo. Fue durante esos días de reparación cuando apareció una canoa que venía de la costa con indios remeros; Andrés de Tapia cercó a la embarcación, y de ella se desprendió un hombre vestido y tocado a la usanza indígena, que hablándoles en castellano, dijo: "Señores: ¿sois cristianos, e cuyos vasallos?" Llorando y dando gracias a Dios recibió aquel hombre la respuesta; hacía ocho años vivía entre las tribus mayas; era originario de Ecija y se llamaba Jerónimo de Aguilar; él y un Gonzalo Guerrero eran los únicos supervivientes de una embarcación de náufragos que, habiendo salido de Darién rumbo a Jamaica, fueron arrojados a la costa caribe de Yucatán, en donde fueron sacrificados, salvándose sólo Aguilar y Guerrero; pero este último, por estar casado con india, ungido y honrado como cacique, no había querido reintegrarse a los españoles. Quizá tampoco quería regresar con los suyos por la culpa que había tenido, como capitán de los indios, en la derrota de Hernández de Córdoba, allá en Champotón.

Aguilar dominaba a la perfección la lengua maya; Cortés había conseguido un precioso eslabón para el dominio de aquel extraño país. Más que la pólvora, el hierro y los caballos, habría de utilizar su inteligencia en la campaña de Anáhuac, y esto sólo fue posible al dominar el idioma del país y con ello hacerse del conocimiento de su constitución política, disensiones, organización social y mitos. El segundo eslabón, el dominio de la lengua náhuatl, lo habría de alcanzar en Tabasco.

Remontando el río Grijalva, en las cercanías de lo que hoy es Villahermosa, la expedición tuvo su primer encuentro; el lugar, en recuerdo del señalado triunfo, fue llamado Santa María de la Victoria. Aquella tribu maya, que otrora recibiera tan cordialmente a Grijalva, se apresuró a dar batalla a los españoles. Cortés tuvo que emplear todas sus armas en los diversos encuentros, hasta aplastar la resistencia de los de Tabasco; un cronista habla de la milagrosa ayuda del señor Santiago, pero los "ojos de un pecador", como a sí mismo se llama Bernal, sólo vieron a "Francisco de Morla en un caballo castaño". Vencida la resistencia, los caciques acabaron por presentarse con los usuales presentes de maíz, pavos, pescados, mantas y esclavos, no sin que Cortés realizara su primera y mañosa exhibición cuando los indios caciques le incensaban y ofrendaban: hizo fuego con una lombarda que disparó haciendo gran ruido con la bala entre el espanto indígena, mientras azuzaban los suyos a una yegua en brama.

En el fastuoso presente de Tabasco, Cortés recibió el otro eslabón que necesitaba: una india esclava que sabía la lengua maya y dominaba perfectamente su lengua nativa, el mexicano; su nombre indígena era *Malinalli* o *Malintzin*, el que corrompieron los españoles en Malinche o en castellano en doña Marina. Hija de caciques de un señorío de las riberas de Coatzacoalcos, Paynala u Olutla, narra la tradición que para despojarla de sus derechos de sucesión al señorío, se la llevaran como esclava a Tabasco, ya en el área maya, y en donde Cortés la recibiera como presente. Cortés no sólo había ganado una fiel amante que habría de darle su primer descendiente mestizo, sino el vehículo idiomático necesario para el futuro dominio del Anáhuac; Aguilar sabía el maya, ella el maya de Tabasco y su propia lengua mexicana, y así, mediante esa fortuita cadena, habría de reconocer con inteligencia y fortuna el mundo interno que iba a dominar. Bernal Díaz la describe como: "una india de buen parecer y entrometida y desenvuelta."

Ya embarcados otra vez, la expedición volvió a anclar en la isla de San Juan de Ulúa. Allí, volvieron los españoles a establecer contacto con las guarniciones de Moctezuma que, avisadas, se apresuraron a llegar en grandes piraguas preguntando por el Tlatoani, el "Señor", mientras otros de ellos corrían a informar a Moctezuma. Pero abandonemos las fuentes españolas para reanudar nuestro hilo aprovechando el precioso testimonio indígena que Sahagún recogiera en su Libro II.

Al finalizar el año *13 Tochtli* y comenzar el *1 Ácatl*, los centinelas mexicanos de la costa —apostados en Nautla, Tuxtla y Mictlancuauhtla—, le informaron del regreso de las naves. Moctezuma envió una embajada encabezada por el sacerdote príncipe Yoalichan y cuatro caciques, los de

Tepoztlán, Tizatlán, Huehuetlán y Hueycamecatlán, con esta orden: "Venid, caballeros tigres, venid; dícese que ya ha venido nuestro señor; recibidle, escuchad bien, prestad atención a lo que diga; bien, escuchado debéis de traérmelo". Moctezuma hizo enviar a Cortés sus atavíos sacerdotales, máscaras, tocados, mantas y joyeles que lo identificaban como Quetzalcóatl, como Xiuhtecutli (Dios del Fuego), como Tláloc (Dios de la Lluvia) y como Tezcatlipoca (Dios de la Noche). Con el rico presente, que las nóminas españolas han conservado, fueron estas palabras del emperador mexicano: "Idos, no os detengáis, adorad a nuestro señor, al dios y decidle: nos ha mandado tu vasallo Moctezuma, he aquí lo que te regala porque has llegado a su tierra, a México". En las playas de Veracruz recibió Cortés el presente, fue ataviado con él, con la máscara de serpientes de turquesas, con el tocado de plumas de quetzal, con las orejeras serpentinas, con el escudo de mosaico a las espaldas. Entonces Cortés ordenó que se atase a los embajadores y que se disparase el cañón más fuerte de la expedición; los embajadores, impotentes y sobresaltados, vacilaron y se desmayaron. Cortés, además, los retó con palabras ásperas; quería que sus soldados españoles midiesen sus fuerzas con aquéllos supuestamente invencibles aztecas. *Los anales de Tlatelolco,* añaden un dato más: irritado Cortés por un sacrificio humano con que se le ofreció, mató con su puño y espada al sacerdote azteca que le ofrecía sangre, ante el asombro de la comitiva de Moctezuma.

Huyendo de la costa ese mismo día, los correos mexicanos dejaron el contacto con los blancos en manos del gobernador y calpixque de Cotastla, Pínotl —al que Bernal llama Cuitlapitoque—, hasta llegar a México durante la noche. Moctezuma, cuyo "corazón estaba lleno de mortal angustia" —dice el informante indio de Sahagún—, recibió la relación de los mensajeros: "Mucho se asustó también cuando oía cómo sanciona su orden el arma de fuego... Y si la bala encuentra una montaña cómo ésta se derrumba, se queda en escombros, y si encuentra un árbol, entonces se despedaza... Puro hierro forma su traje de guerra, con hierro se viste; con hierro cubre su cabeza; de hierro consta su espada, de hierro su casco, de hierro su escudo, de hierro su lanza. Y sus ciervos [caballos] los llevan sobre sus lomos... y sus cuerpos están envueltos por todas partes. Solamente sus rostros están visibles, enteramente blancos. Caras calcáreas lo son, de cabello amarillo, pero algunos tienen cabellos negros... y sus perros muy grandes; con orejas plegadas; con lenguas grandes, colgantes; con ojos de fuego, de llamas; con ojos claros, amarillos; con vientre restirado, con vientre ahuacalado, con vientre acucharado. Salvajes como demonios, siempre jadeantes, siempre con la lengua colgante, moteados como de jaguar moteado".

Cuando Moctezuma escuchó esta descripción, casi perdió los sentidos, dice nuestra fuente, "tenía gran miedo". Volvió a enviar mensajeros, pero ahora iban con ellos adivinos y hechiceros para que viesen si los podrían "encantar, hechizar... echar una mirada maligna... o conjurarlos

Retrato de Hernán Cortés.

con una palabra mágica, con el fin de que ellos se enfermaran, murieran o se regresaran". Pero los hombres *tecolote*, los hombres *búho* o *hechiceros*, fracasaron, no pudieron hacer nada y volvieron a informar a Moctezuma: "cómo eran y qué fuertes son [los españoles]. No somos adversarios para ellos, somos como nada".

Y en poco tiempo Moctezuma recibió la infausta nueva: ellos venían. Los dioses habían iniciado su marcha hacia el interior del país, "su marcha hacia aquí". Y si Moctezuma se desesperaba, toda la gente "recelaba, tenía miedo, se encontraba empavorecida. Reinaba desesperación, [el pueblo] desesperó; se reunieron para discusiones, se formaban pequeños grupos en los que [sus hijos] lloraban, lloraban fuertemente; dejaron colgar su cabeza, se saludaban entre lágrimas, saludaban llorando, trataban de consolar [a sus niños], trataban de consolarse. Acariciaban las cabezas de los niños pequeños y los padres decían: 'Desgracia, mis niños. ¿Cómo podréis soportar esto, lo que ha venido encima de nosotros, lo que ahora se prepara?'"

Un cuadro lleno de angustia no puede ser descrito con mejores palabras que éstas. La ciudad entera lloró. La ciudad supo que los blancos marchaban guiados por una india y supo cómo preguntaban insistentemente por el monarca mexicano. Fue cuando Moctezuma quiso escapar a la región de los muertos, a la caverna de la sombra, viaje fabuloso del que algunos textos indígenas (Tezozómoc) conservan preciosos relatos. Buscaba el camino de Mictlán, el lugar sombrío de los muertos en la región del Norte; buscaba saber el camino de la Casa del Sol, al Oriente; el rumbo del Sur, la Casa de Tláloc; y preferentemente, la Casa del Maíz, Cincalco, en dirección al Poniente. Al final, su "roto corazón" acabó por resignarse, "resolvió esperar".

CAPÍTULO X

En el campamento
de Cortés

La ciudad de Tenochtitlan no pudo trazar un cuadro completo de lo que estaba sucediendo en Chalchicueyecan. Pero algo que no podía escapar al entendimiento de los aztecas, era que sus tributarios totonacas se habían salido de su dominio; este acontecimiento, que es precursor de las rebeliones indígenas que hicieron posible la conquista, fue en parte un resultado de la sagacidad de Cortés y de su peculiar maquiavelismo renacentista que siempre normó sus actos. Cuando Hernán Cortés desembarcó en la isla de San Juan de Ulúa, los embajadores de Moctezuma y el señor de Cotastla, lo recibieron como a un dios y lo colmaron de presentes — entre los que fueron tendidos sobre las esteras las ruedas de plata y oro, del tamaño de una carreta, que representaban la luna y el sol, regalos a los que Cortés contestó con una silla de cadera taraceada, cuentas de cristal diamantino y una copa de vidrio de Florencia —. Pero, transcurridos los primeros días, los embajadores aztecas empezaron a retirarse y lentamente los españoles pudieron comprobar que aquel mundo de servidores, pronto a atender la menor exigencia, también desaparecía, empezando a escasear el maíz, el pan de yuca y los pavos con los que atendieron a los europeos en los primeros momentos.

Pero al mismo tiempo que los de México se retiraban, otros indígenas —que por su suntuaria presencia física parecían de otra tribu— se acercaron a Cortés. Los informantes españoles —Bernal Díaz— pretenden que esta ausencia de los mexicanos fuera la consecuencia de que los augures mexicas, interpretando a Huitzilopochtli y a Tezcatlipoca, ordenaron a Moctezuma que no cuidase de Cortés ni de sus palabras sobre la cruz y la imagen de Nuestra Señora, y que, por lo tanto, retirase a los suyos.

En estas circunstancias, fue cuando asomaron al campamento de Cortés otros indígenas cuyos labios bajeros y orejas desmesuradamente abiertas para portar joyeles de oro, llamaron la atención de las tropas conquistadoras. Doña Marina no entendía la lengua, la totonaca, pero pudo finalmente comprenderlos en virtud de que había algunos que sabían el idioma de México: "que ya hubieran venido antes a vernos —dijeron—, si no por temor de los de Culúa, que solían estar allí..." Cortés, dice Bernal, se alegró mucho al saber que la gente de Moctezuma tenían enemigos.

En ese tiempo, Cortés consumaría el acto jurídico que habría de desligarlo del gobernador de Cuba y alzarlo como capitán general y justicia mayor. Requerido por el grupo que le era parcial, atraídos con la bandera de que la expedición no solamente quería rescatar —es decir, cambiar sus mercancías por oro y otras riquezas de la tierra—, sino poblar aquel nuevo mundo, Cortés desconoció la autoridad de Diego Velázquez, designó un ayuntamiento, envió cartas y toda la riqueza del presente de Moctezuma a Carlos V, y finalmente hizo abortar una conspiración para hacerse de los navíos y volver a Cuba. Cortés contaba con el consenso de parte de la expedición y pudo hundir sus navíos en las costas de Veracruz, salvando sólo aquellas partes de la embarcación que pudieran ser útiles para armar otras pequeñas. Así decidía el destino de la expedición en un acto de audacia sin igual, en la que se sepultaba en un mundo cuya potencia militar desconocía.

Luego, Cortés decidió llegar tierra adentro, hasta la ciudad de sus eventuales aliados totonacas, Cempoala. La ciudad los recibió con ramos apretados de olorosas rosas de la tierra, y un obeso cacique sahumó a Cortés con reverencia.

En ese lugar volvió a ser informado por los totonacas de las quejas contra Moctezuma y sus gobernadores, los que les llevaban su oro, "porque es señor de grandes ciudades y tierras y vasallos y ejércitos de guerra", escribe Bernal Díaz.

Algunos días después, en un pueblo costeño totonaca, Quiahuistla, Cortés pudo confirmar su alianza. La presencia de los recaudadores mexicanos (*calpixques*) fue el origen del acto; Cortés y los suyos notaron de pronto que los totonacas, sumisos y temerosos, corrían a atender a cinco embajadores de Moctezuma; pero cuando se les llevaba en medio de quitasoles de finas plumas y pisando sobre esteras, por orden de los españoles, fueron aprehendidos. Un acto de tal naturaleza, cometido en la intocable persona de aztecas de rango, habría sido motivo para una guerra en la que a Cempoala y Quiahuistla, incendiadas sus ciudades y esclavizados sus habitantes, les fueran impuestos nuevos y penosos tributos. Pero ahora el mundo indígena vio con asombro que México-Tenochtitlan no hacía ningún caso de la ofensa.

Por otro lado, al calcular Cortés los efectos del acto, procuró además balancearlo con una medida que impidiese su rompimiento definitivo con los mexicanos: liberó a dos de los embajadores y ayudó a su fuga, explicándoles que Cortés era amigo de Moctezuma e ignoraba esa prisión provocada por los totonacas; que reclamaría a los prisioneros restantes y los retendría custodiados en su campamento. También, fingiendo gran cólera, culpó a los totonacas de aquella fuga y les reclamó a los prisioneros restantes que envió a Veracruz.

De cualquier modo, Cortés había logrado su objetivo: comprometer a los totonacas y lanzarlos a una rebelión que le permitía la "liga e amistad con más de treinta pueblos de las sierras que se decían totonaques", dice Bernal.

Mientras tanto, ya rotos los puentes con Cuba al hundir los navíos en las costas de Veracruz; habiendo fundado la ciudad y trazado sus solares, iglesias y municipios; abortada la conspiración para volver a la isla y habiéndola sellado con dos sentencias, Cortés empezó a preparar sus cosas para iniciar su marcha rumbo a las tierras altas de los mexicanos, "para buscar la vida y nuestra ventura", dice Bernal Díaz brevemente.

Los invasores empezaron a moverse partiendo de Cempoala. Eran 400 españoles, 15 caballos y 6 tiros de cañón, más los 1,600 indígenas totonacas aliados, formaban el grupo que inició su marcha a la meseta, el 16 de agosto de 1519. Guiados por los cempoaltecas por aquel mundo desconocido, ascendieron hasta Xalapa, todavía en tierra caliente y en los dominios totonacas; pero pocas leguas después toparon con Xicochimalco —la ciudad Xico—, la entrada a las tierras confederadas de los nahua. Desde allí la ascensión iba a ser más violenta y el cambio del paisaje más acentuado; iban penetrando en tierras frías, entre pobladas serranías de pinares de olorosas resinas, en donde las heladas y el granizo —que provocaran la muerte de los indios que traían de Cuba—, el aire enrarecido en la meseta y la sobria flora, habrían de recordarles sus tierras de Castilla y Extremadura. Allí Cortés confirmó el nuevo nombre de aquella tierra: Nueva España.

Moctezuma había ordenado a los señores nahua de la confederación, que "hospedasen, honrasen y proveyesen a los españoles", dice Gómara. En tierras de Puebla, los *teules* alcanzaron una poderosa población; Zautla, cuyo cacique, Olin Tecuhtli, informó a Cortés de la grandeza y señorío de México. Cortés recogió del admirado cacique de Zautla estas ponderativas palabras, como respuesta a su pregunta de si su señorío estaba sujeto a Moctezuma: "¿Pues, quién hay que no sea esclavo o vasallo de Moctezuma?"

En Zautla, los invasores dividirían sus opiniones. La gente de Moctezuma aconsejaba a los españoles seguir la ruta de Cholula; pero los aliados totonacas les presentaban a aquella población, como un lugar de traidores subordinados a México y les sugirieron que tomara el camino de Tlaxcala, ciudad aliada antaño con Cempoala y enemiga irreconciliable de México. Cortés decidió su destino buscando la ruta de los enemigos de Moctezuma.

CAPÍTULO XI

En los lugares
de la guerra florida

También pasó Cortés por Ixtacmastitlán, un poblado nahua situado en una alta serranía, lugar fortificado de los mexicanos, destinado a poner a raya a sus enemigos de Tlaxcala. Y en efecto, a pocas leguas, los *teules* llegaron a una muralla que elocuentemente les hablaba de las luchas con México. Preguntando Cortés por las causas de aquella cerca amurallada, le contestaron los de Zautla, que eran fortificaciones destinadas a dominar al señorío de Tlaxcala.

Los tlaxcaltecas formaban parte de la gran tribu nahua, cuya religión, costumbres y organización social, les eran semejantes. Cuando el alud de la gente nahua cayó desde el septentrión, poco después de 1116, los tlaxcaltecas adoradores de Mixcóatl-Camaxtli —una variante de Huitzilopochtli— se asentaron al norte de Texcoco, pero al ser expulsados, encontraron un nuevo y rico domicilio en los valles de Puebla. Por algún tiempo convivieron con los restos toltecas y olmecas, cuya metrópoli era Cholula, la ciudad devota de Quetzalcóatl, y con sus vecinos nahuas del valle mexicano. Sin embargo, la victoria de México en 1428 sobre Azcapotzalco, y su posterior expansión con dirección al Oriente, enfrentó a las dos tribus. Los mexicanos fueron dominando todos los puntos fuertes del país, pero tropezaron con un enemigo decidido y valeroso que supo defender tenazmente su libertad, los tlaxcaltecas. Los mexicanos, en las postrimerías de su historia, podían haber reducido aquel pequeño foco con descargar sobre Tlaxcala todo su poderío militar, pero reservaron a Tlaxcala un destino más cruel y sangriento: el de campo para tomar prisioneros que habrían de sacrificar a sus dioses. Cada año, México enviaba la flor de su ejército a estos combates religiosos, la *xochiyayáotl* o guerra florida, para regresar al Anáhuac con las víctimas propiciatorias. A pesar de estar diezmados por las continuas guerras floridas, encerrados en aquel cerco amurallado que les impedía alcanzar la costa y traer de ella el algodón y la sal, nunca aceptaron los tlaxcaltecas someterse a México y perder su libertad.

Al traspasar Cortés las murallas, se encontró a pocas leguas con un ejército otomí decidido —subordinado a Tlaxcala— que el conquistador calculó en 100 mil hombres. Los conquistadores pudieron allí ensayar por vez primera su estrategia de guerra: los soldados a caballo desarticulaban y herían las avanzadas enemigas, abrían la brecha necesaria para que las infanterías y los aliados indígenas remataran la derrota. Cortés, victorioso, pudo avanzar hasta el corazón de Tlaxcala, y en las cercanías de la ciudad levantó su campamento.

La fortuna acompañó a los *teules* en los diversos reencuentros. Finalmente, los tlaxcaltecas decidieron atacar de noche; la razón, no aclarada por Cortés, pero explicable, era que si aquellos hombres del Oriente eran hijos del sol, sólo a la sombra de la noche y amparados por la luna podrían conseguir victoria. Los totonacas de Cempoala, sin embargo, pudieron informar a los españoles y denunciar —con la característica falta de perspectiva política de los indígenas— a una cincuentena de espías tlaxcaltecas que, a título de llevar alimentos a los blancos, tomaban nota de las posiciones. Cortés ordenó un castigo excesivamente riguroso, mutiló las manos de todos ellos y se aprestó para combatirlos en la noche. Nuevamente volvió a serle propicia la fortuna y pudo iniciar una serie de incursiones nocturnas en los poblados tlaxcaltecas. Finalmente, Cortés recibió una visita extraordinaria: la de Xicoténcatl, capitán general de los cuatro barrios de Tlaxcala, quien se iba a entregar al dominio de España.

Así fue; el consejo de la tribu, encabezado por el señor o *tecuhtli*, el anciano Maxiscatzin, había decidido demandar la paz. Una voz, sin embargo, se elevó en el Consejo de la tribu para protestar por aquella paz, Xicoténcatl, el Mozo, capitán general de los ejércitos tlaxcaltecas, hijo de uno de los cuatro señores de Tlaxcala, quien —dice Bernal Díaz— mostró su cólera y declaró que no estaban para paces. El destino, implacable con aquel héroe, el único con perspectiva histórica de su tribu, quiso que le deparara la más infamante de las suertes: Xicoténcatl fue el destinado para pedir paz a Cortés. Este último recogió las amargas palabras del hombre que más allá de las limitaciones de su tribu, lavó con sangre el deshonor de los suyos. Dijo a Cortés, que "les perdonase los yerros pasados, porque ellos no nos conocían ni sabían quién éramos, y que ya habían probado todas sus fuerzas, así de día como de noche, para escusarse de ser súbditos ni sujetos a nadie; porque ningún tiempo, esta provincia lo había sido, ni tenían ni habían tenido cierto señor; antes habían vivido exentos y por sí de inmemorial tiempo acá, y que siempre se habían defendido contra el gran poder de Moctezuma y de su padre y abuelos, que toda la tierra tenían sojuzgada, y a ellos jamás habían podido traer a sujeción, teniéndolos como los tenían cercados por todas partes, sin tener lugar para por ninguna de su tierra poder salir, que no comían sal, porque no la había en su tierra ni se la dejaban salir a comprar a otras partes, ni vestían ropas de algodón porque en su tierra, por la frialdad, no se criaba, y otras muchas cosas de que carecían por estar así encerrados e que lo sufrían y habían por bueno por ser exentos y no sujetos a nadie". Y añade Bernal: "Era este Xicotenga alto de cuerpo y de grande espalda y bien hecho, y la cara tenía larga e hoyosa e robusta; y era de hasta treinta y cinco años, y en el parecer, mostraba en su persona gravedad".

Algunos días después, Cortés recibió en su campamento a los cuatro señores de Tlaxcala, encabezados por Maxiscatzin, quienes rogaban a los *teules* que fueran a su ciudad. Entre flores y volutas de humo de copal entraron en Tlaxcala —a la que compararon con Granada— a sellar un pacto de amistad que habría de proporcionarle a Cortés el aliado más poderoso y eficaz para el dominio de las nuevas tierras. Cinco princesas indias, hermosas doncellas y mozas, hijas de los cuatro señores de Tlaxcala, confirmaron el pacto de alianza y amistad al entregarlas a Cortés para sellar un parentesco definitivo; una de ellas, hija de Xicoténcatl, el Viejo, que le tocara a Alvarado, sería la única mujer que por extraña ironía les daría descendientes.

Un acto de dominio más rubricó el prestigio de los españoles. En los valles poblanos se alzaban las nevadas montañas del Popocatéptl y el Iztaccíhuatl —cielo y paraíso del Dios de las Lluvias—, cuyas cumbres inmarcesibles eran tenidas por sagradas; allí moraba Tláloc, por lo que sus cimas agolpaban las lluvias que en el verano relampagueaban y las dejaban caer. Además, en aquella época, todavía el Popocatéptl —cuyo nombre literal se traduce por "la montaña humeante"— era un volcán activo, cuyo fuego imponía un terror religioso a las tribus de la meseta.

Un español llamado Gonzalo de Ordaz, concibió el proyecto de escalar aquel volcán. Cortés le prestó los soldados e indios. Estos últimos se prestaron sólo para acompañarlo hasta donde estaba el templo del Dios Tláloc. Ordaz escaló el volcán hasta llegar cerca de la boca humeante, y al descender a Tlaxcala, un rumor recorrió los parajes de las tribus nahuas del altiplano: las heráldicas y sagradas montañas de Tlalocan habían sido violadas por los dioses.

CAPÍTULO XII

En camino hacia México

Los *teules* permanecieron en Tlaxcala un mes lunar indígena. Luego decidieron marchar sobre México y nuevamente se dividieron las opiniones; un grupo, advertido por los tlaxcaltecas, buscaba el camino de Huejotzingo, ciudad aliada de ellos, para evitar a Cholula, ciudad de traidores y leales a Moctezuma según los de Tlaxcala. Cortés decidió el camino de Cholula, en donde estaba el santuario de Quetzalcóatl, que era uno de los centros religiosos más importantes de la meseta.

Con 10 mil mercenarios tlaxcaltecas que Cortés cuidó de estacionar en las cercanías de Cholula, por solicitud de los cholultecas, que no querían ver hollado su recinto por sus tradicionales enemigos, los españoles entraron solemnemente en la ciudad, recibidos por mágicos cantares y música de trompetas y tambores, cubiertos de rosas arrojadas desde las azoteas, mientras los sacerdotes, ataviados de albeantes túnicas, les incensaban con sus braseros olorosos de copal.

Algunos días después, los patios y la pirámide del lugar se teñirían con la primera sangre indígena derramada por los españoles en el Imperio de Moctezuma. Es un punto quizás imposible de discernir en cuanto a la verdad histórica, si Cortés y los suyos consumaron aquella matanza movidos por un temor fundado o si una madeja de suspicacias, fomentadas por los tlaxcaltecas y por la propia doña Marina, originaron aquel cruel y cobarde asesinato en masa. Ciertos actos hostiles y la disminución en el servicio de bastimentos, colmaron la denuncia de una anciana cholulteca ante la Malinche; en las noches próximas se planeaba una sublevación aconsejada por Moctezuma para dar fin al grupo de Cortés, pero ella (doña Marina) podría salvarse huyendo y casándose con el hijo de la anciana. Hasta aquí la sórdida denuncia de doña Marina. Cortés ordenó terminantemente al señor de Cholula, a la nobleza y al sacerdocio de la ciudad, que se reunieran en el patio del templo; allí habló, culpó de traición a los cholultecas y les arrojó en cara sus fines siniestros. Mientras la Malinche interpretaba las palabras dramáticas del *teul*, Cortés concluyó sus iracundas palabras, ordenando un disparo de escopeta, señal convenida con los suyos para iniciar la matanza. Durante cinco horas los españoles y sus aliados indios, que no tardaron en presentarse, hirieron y persiguieron con saña a la gente de Cholula.

Varios españoles negaron en aquella centuria la conspiración cholulteca, y fray Bartolomé de las Casas — tan frecuentemente exagerado por su amor a los indios —, llega hasta a poner en boca de los españoles un romance que se cantó durante la carnicería:

> *Mira, Nero de Tarpeya,*
> *a Roma cómo se ardía.*
> *Gritos dan niños y viejos,*
> *y él de nada se dolía.*

En sólo dos horas mataron a más de 6,000 cholultecas — afirma Gómara —. Quemaron los templos y las casas; los españoles quedaron tintos en sangre hasta no pisar sino cadáveres; el ídolo de Quetzalcóatl rodó quebrado por las escalinatas del templo, y la ciudad entera fue entregada al saqueo. Conocemos, además, la versión indígena del suceso consignada en el Libro XII de Sahagún, en la que se niega la conspiración: "Cuando hubieron llegado, hicieron convocar la gente, llamaron con voz alta a los habitantes. Todos debían venir, los principales, los caciques, los caudillos, los jefes y la gente del pueblo ordinario; todos se reunieron en el patio del templo. Y cuando todos se hallaron reunidos, se cerraron las entradas por las cuales se entraba por los diferentes lados. Después ellos fueron atropellados con los caballos, muertos, golpeados. Los cholultecas no habían sospechado nada semejante; ni con el venablo, ni con el escudo se habían opuesto a los españoles. De una manera pérfida fueron matados. Planteaba homicidio malo, desleal; planteaba homicidio secreto, pérfidamente se les echaba encima la gente de Tlaxcala..."

Las consecuencias psicológicas de la matanza son algo igualmente aclarado. Cortés calculó fríamente el efecto del desastre. Volvamos a la inestimable duodécima relación de Sahagún: "Todo el mundo [en México], toda la gente se espanta, se halla casi en tumulto, como si la tierra se moviese, como si la tierra temblara, como si todo se diera vuelta en círculos delante de los ojos; reinaba un temor general." Y añade nuestro informante describiendo el ánimo de la ciudad: "y en esta época, aquí en México, estuvo todo muerto; no salía nadie a la calle. Las madres ya no querían dejar salir de la casa [a sus niños]; barrida estaba la calle; la calle se hallaba limpia como en las madrugadas; nadie pasaba frente de otro; se retiraban en sus casas, dedicados únicamente a su pesar. La gente decía: ¡Dejadlo!, ¡que lo sea maldito! ¿Qué queréis hacer? Ya moriremos; ya pronto nos aniquilarán, ya pronto veremos la muerte".

Comenzaba la agonía del Imperio. Moctezuma aceptó pasivamente la situación; huyó a sus templos para orar. Gómara añade que hasta sacrificó seres humanos para calmar a sus dioses. Pero en la relación indígena, tantas veces citada, se añade que Moctezuma envió a los españoles sus hechiceros, pero éstos fracasaron; no pudieron causar daño porque los ojos de los blancos eran poderosos. Hernán Cortés pudo iniciar nuevamente su marcha por los caminos falsamente ocultados, sembrados de ásperos magueyes y ocultados por pinares. Nada los detenía: "van en muchedumbre, van como un torrente, levantan el polvo en torbellinos. Su bastón de fierro, su lanza que brilla y su espada de fierro curvada..."

Gómara pudo comentar más tarde, que si Cortés había entrado en Cholula victorioso, salía de allí temido. El temor le iba a abrir las puertas del Imperio. Atrás quedaban la vulnerada ciudad, la primera sangre del Imperio derramada, la estatua de Quetzalcóatl profanada, y el asombro y la impotencia de los peregrinos que acudían de todo el país en interminables peregrinaciones al venerado santuario prehispánico. Pero aquella oleada de rabia e impotencia paralizó a aquella sociedad frente a la ley escrita con sangre.

Para llegar al valle de México, los españoles siguieron la ruta de los volcanes; desde Huejotzingo alcanzaron el ahora llamado "paso de Cortés" —la garganta del Popocatépetl y del Iztaccíhuatl—, desde donde se inició el descenso al valle; allí descubrieron un paisaje extraordinario, apenas soñado y sólo comparable, como dijeron los soldados españoles, a los cuentos de Amadís: "desde aquel puerto se descubría tierra de México y la laguna con sus pueblos alrededor, que es la mejor vista del mundo", dice Gómara. Después el llano: Amecameca, Tlalmanalco, y Chalco ya en las riberas de la laguna. En Chalco recibió Cortés la primera visita real de Moctezuma, la de Cacamatzin, señor de Texcoco, designado para recibir y agasajar a los *teules*; un mancebo de 25 años, a quien conducían en andas otros indios y le limpiaban las piedras que pisaba. La calzada que tomaron en Chalco los llevaba a Tláhuac y a Míxquic, pero ya en todo el camino hervía gente admirada que "maravillados de las barbas, vestidos, armas, caballos y tiros, decían: Éstos son dioses" (Gómara). Al fin llegaron a aposentarse en otro pueblo lacustre, Ixtapalapa, en donde el señor del lugar, Cuitláhuac, los recibió con regalos de oro, esclavos y ropajes de plumas. Cortés no pudo menos que admirar los jardines y palacios de la ciudad ribereña. Al día siguiente, por la recta calzada levantada por los indios, cortada por pontones, alcanzaron Huitzilopochco (Churubusco), y por fin, la isla de Tenochtitlan, abriéndose paso entre los baluartes ayer inexpugnables.

Cortés había llegado a la primera parte de su objetivo: Tenochtitlan, la ciudad imperial y sede del más poderoso Imperio político que conocían los indígenas de aquellas tierras.

CAPÍTULO XIII

La morada del águila que cae

Ante los ojos de los españoles, la ciudad de México-Tenochtitlan "parecía a las cosas de encantamientos que cuentan en el libro de Amadís, por las grandes torres y cúes [pirámides rematadas por templos] y edificios que tenían dentro del agua, y todo de cal y canto, y aun algunos de nuestros soldados decían que si aquello que veían era cosa de sueño".

Pero haciendo a un lado los ojos admirados expresados con palabras de Bernal Díaz, seguiremos a la prosa más seca y cortesana, aunque no menos entusiasta, de Cortés, sobre el prodigio de la Venecia indígena: en el corazón del valle de México, cuyas serranías cercanas todavía poblaban bosques de pinares, se encontraban las dos lagunas que alcanzaran hasta tiempos novohispanos, es decir, la de Chalco-Xochimilco, cuyas aguas dulces comunicaban con la salitrosa de Texcoco, y en su seno las isletas y cerros que impusieron con su relieve una fisonomía al solar azteca, teniendo como fondo los volcanes todavía activos que, como el Popocatépetl, coronaban sus cimas nevadas.

Y allí, en una isla del lago texcocano, los aztecas habían fundado en 1325, una nueva ciudad: México-Tenochtitlan. En el curso del tiempo, al crecer su grandeza y poderío, con tres calzadas, hicieron unir la tierra firme a aquel recinto insular; hacia el Sur una ancha y recta calzada, "tan ancha como dos lanzas", que permitía holgadamente el paso de ocho jinetes, llevaba hasta Churubusco e Ixtapalapa; por el Norte, otra calzada conducía a la hoy villa de Guadalupe o Tepeaquilla; por el Occidente, la tercera vía comunicaba con Tacuba, la de "la noche tenebrosa" que llamaron los españoles, la ruta más corta y la más peligrosamente interrumpida por pontones; y sólo al Oriente, las márgenes de la isla cortadas por el agua servían de embarcaderos para Texcoco, Xochimilco, Míxquic y otros pueblos ribereños lacustres. También junto a esta última calzada, corría un doble acueducto que llevaba las aguas límpidas del cercano cerro y bosque de Chapultepec a la ciudad.

Pero el rostro de la isla no era, igualmente, el de un trozo de tierra firme, sino un enjambre de calles de tierra y acequias: "Son las calles della, digo las principales, muy anchas y muy derechas, y algunas destas y todas las demás son la mitad de tierra, y por la otra mitad es agua, por la cual andan en sus canoas, y todas las calles de trecho a trecho están abiertas por do atraviesa el agua de las unas a las otras, e en todas estas aberturas, que algunas son muy anchas, hay sus puentes, de muy anchas y muy grandes vigas juntas y recias y bien labradas..." Una Venecia indígena, geométricamente trazada, pero que debía recordar los canales, las chinampas y las trajineras que hasta el día de hoy recorren las lagunas de Xochimilco o Míxquic, con sus espejeantes acequias en las que flotan nenúfares y lirios de agua, erectos cipreses nativos (*huejotes*), ahuehuetes y sembradíos de tierras ganadas a las aguas, con sus característicos canales que cruzan las canoas cargadas de verduras y flores conducidas por mujeres y hombres de ricas y vistosas telas tejidas a mano con espléndidos colores.

El centro de la isla lo constituía la gran plaza del templo mayor, "que no hay lengua humana que sepa explicar la grandeza y particularidad della", tan grande, añade Cortés, que bien se podía hacer una villa de 500 vecinos dentro de ella, y en la que se encontraban diversas pirámides adoratorias, juegos de pelota, casas de sacerdocio, andamios de cráneos *(tzompantlis)*, templos de cantería y de olorosa madera de cedro, sin contar la pirámide del Templo Mayor de Huitzilopochtli, el Dios solar de la guerra, que con sus 30 metros de altura —116 gradas—, dominaba la vista de la isla, con sus templos al Dios solar, y a Tezcatlipoca, el señor de la noche y de la omnipotencia, cuyos cultos hermanaban los aztecas al águila y al tigre, que con su cósmica dualidad y eterno combate, representaban algunos de los supuestos de la religión indígena.

Al Sur del atrio piramidal del Templo Mayor, podían contemplarse los palacios de los antiguos reyes sacerdotes, entre los que destacaban el de Moctezuma I, Axayácatl, Ahuízotl y Moctezuma II. Grandes aposentamientos con "gentiles vergeles", dice Cortés, en tanto que el anónimo añade: "había y hay en esta ciudad, muy hermosas y muy buenas casas de señores, tan grandes y con tantas estancias, aposentos y jardines, arriba y abajo, que era cosa maravillosa de ver. Yo entré más de cuatro veces en una casa del señor principal [Moctezuma], sin más fin que el de verla, y siempre andaba yo tanto que me cansaba, de modo que nunca llegué a verla toda. Era costumbre que a la entrada de todas las casas de los señores hubiese grandísimas salas y estancias alrededor de un gran patio; pero allí había una sala tan grande que cabían en ella, con toda comodidad, más de tres mil personas". Aquel palacio debió semejar a las casas de Ixtapalapa que otro conquistador, tantas veces citado, Bernal Díaz del Castillo, describió minuciosamente: "cuán grandes y bien logrados eran, de cantería muy prima, y la madera de cedros y de otros buenos árboles olorosos, con grandes patios y cuartos, cosa de ver, y la huerta y jardín que fue muy admirable verlo y pasearlo, que no me hartaba de ver la diversidad de árboles y los olores que cada uno tenía, y andenes llenos de flores y rosas y muchos frutales y rosales de la tierra, y un estanque de agua dulce y otra cosa de ver, que podían entrar en el vergel grandes canoas desde la laguna por una abertura que tenían hecha..."

En aquel palacio que la admiración de los cronistas nos ha perpetuado, vivía aquel príncipe bárbaro en "aposentamientos tales y tan maravillosos, que me parecerá imposible poder decir la bondad y grandeza de ellas. E por tanto no me porné en expresar cosa dellas, mas de que en España no hay su semejante", dice Cortés. Pero junto a estas residencias, tenían otras casas que eran verdaderos jardines botánicos, con sus miradores de losas de jaspe (*tecalli*), y zoológicos con estanques de todo linaje de aves, jaulas con animales de los montes y selvas, acuarios, y hasta una casa para contrahechos y albinos, es decir, el primer parque de fauna de que tiene noticia la historia de América.

Y más allá, saliendo de la isleta de Tenochtitlan, pero prácticamente unida ya en tiempo de la conquista, la porción de México-Tlatelolco, en donde al tiempo de la conquista tenía cuatro años de ser el señor, el príncipe-sacerdote Cuauhtémoc. Tlatelolco podía equipararse en belleza a Tenochtitlan y excederla en importancia, si se considera su imponente plaza-mercado. Volvamos a citar a Cortés: "tiene otra plaza tan grande, como dos veces la ciudad de Salamanca, toda cercada de portales alrededor, donde hay cotidianamente arriba de sesenta mil ánimas comprando y vendiendo; donde hay todos los géneros de mercaderías que en todas las tierras se hallan..."

Bernal Díaz, no menos ponderativo, nos dice que era tan ancha y del compás de la de Salamanca, añadiendo que todo su piso estaba embaldosado; "empedrado de piedras blancas como losas [quizá mármoles poblanos de tecalli] y muy encalada, bruñida y limpia..." Allí se comerciaba con todo lo que el gran Imperio producía y enviaba por tributación y venta a la gran Tenochtitlan: los joyeles de oro, plata y piedras preciosas de la mixteca; las aves y plumerías del sur de Veracruz, Chiapas y Guatemala; las hierbas medicinales de la meseta; la loza de Cholula y las piedras y mármoles de Puebla; el algodón de Veracruz y el cacao de

Tabasco; las frutas del trópico oriental; los pescados de la laguna y del golfo... Junto a la plaza se encontraba una casa, como audiencia, en la que los jueces libraban los casos y, desde luego, el templo y pirámide de la propia fracción de la ciudad mexicana.

Éste fue el maravilloso lugar que el destino deparó a Cuauhtémoc para que lo defendiera.

Cuauhtémoc con su penacho de caballero águila.

CAPÍTULO XIV

En el centro del Imperio

El 8 de noviembre de 1519, equivalente al *8 Ehécatl* del mes *Quecholli* de la cuenta indígena, Cortés y los suyos, entraron en la imperial México-Tenochtitlan. El anónimo informante indígena de Sahagún los describe como si los tuviese a la vista hollando su ciudad: cuatro jinetes abrían el frente, revolviendo todo; seguidos de sus jadeantes perros de caza, custodiaban al portador de la bandera; la segunda fila, la formaban jinetes armados de lanzas y espadas de hierro; la tercera fila, los ballesteros, a los que les colgaba el "carcaj" repleto de flechas de hierro; en la cuarta fila, volvían nuevamente jinetes; la quinta fila, la formaban los escopeteros portando sus temibles fusiles. Finalmente, iban los indios aliados de Tlaxcala y Huejotzingo.

A las entradas de la isla revolvieron sus caballos los españoles, mientras sus aliados indios danzaban y entonaban sus cánticos guerreros. Moctezuma esperaba al *teul* con los suyos, llevando jícaras galanamente pintadas y con olorosas magnolias, girasoles y rosas. Cuauhtémoc, el joven señor de Tlatelolco, debió formar parte del real acompañamiento, y presenciar en silencio y con rabia la entrada de los extranjeros.

Cuatro príncipes conducían en andas al supremo señor de México. Cortés se apeó para abrazar a Moctezuma; pero Cacamatzin, señor de Texcoco, y Cuitláhuac, señor de Ixtapalapa, detuvieron al *teul*; la persona del soberano mexica era intocable. Cortés se quitó el collar de margaritas y cuentas de vidrio y lo puso en el cuello de Moctezuma, mientras los príncipes, después de engalanarlo con guías de flores, le colgaron un collar de caracoles —símbolo de Quetzalcóatl— de los que pendían camarones de oro. Moctezuma habló a Cortés con palabras que recogió al igual que los cronistas españoles el informante indígena, que fueron éstas:

"Oh, señor nuestro, con pena, con fastidio tú has logrado llegar hasta México, a nuestra casa, llega a sentarte sobre tu estera, tu silla, que yo he guardado sólo un pequeño tiempo para ti. Porque se fueron tus súbditos: los reyes Ixcóatl, el viejo Moctezuma, Axayácatl, Tízoc, Ahuízotl, que sólo guardaron un tiempo pequeño [el estrado] para ti; que gobernaron la ciudad de México... ¡Ojalá que alguno de ellos viese, con asombro, lo que vino encima de mí, lo que yo veo ahora!... ¡Cómo yo estaba afligido por cinco, diez [series] de días, cuando miraba al país desconocido del cual tú has venido, de las nubes, de las nieblas! Porque esto nos han dicho los reyes [mis antepasados]: que tú vendrías a ver tu ciudad, que tú te sentarías sobre tu estera, tu silla, que tú regresarías. Y ahora se ha verificado, tú has regresado con penas, con fastidios lo has logrado. Seas ahora bienvenido a esta tierra, descansa, ve a tu palacio, descanse tu cuerpo, nuestro señor ha llegado".

Después de calmar al monarca, pidiéndole que no se inquietara, Cortés fue llevado al palacio de Axayácatl, en el centro de la isla. El pueblo arremolinado, aunque asombrado y temeroso, siguió a los *teules* hasta el palacio; allí dispararon sus armas de fuego, provocando confusión y dispersando y aturdiendo a la multitud para provocarle "angustias mortales".

Pero también ese día se incubó una sorda rebelión contra el pusilánime Moctezuma. El soberano de México, dice el informante de Sahagún, había pedido obediencia y bastimento para los blancos; pero los "príncipes que convocó ya no le obedecían; estaban enojados; ya no iban con él; ya no hallaba obediencia". En el corazón indígena se planteó este dilema: hombres o dioses. Quienes los consideraban hombres querían la guerra, pero quienes veían en ellos los *teules* legendarios de Oriente pedían sumisión. Y en medio de estas encontradas opiniones, un soberano blando, cobarde, temeroso de los dioses extranjeros, conducía a su pueblo por la vía de la ignominia.

En el transcurso de una semana, Cortés y los suyos reconocieron la ciudad, y desde la cumbre del teocalli piramidal quizá pensaron que aquella victoria parecía haberles deparado más una amable y florida cárcel que una presa real. Cortés y sus capitanes decidieron tomar una medida extrema: la aprehensión de Moctezuma. Este acto, seguramente audaz, era, sin embargo, el resultado de la reflexión de quienes conocían las ideas militares de las tribus de las islas antillanas: quien tomaba al señor, símbolo mágico del poder, retenía para sí el mando.

El pretexto vino a presentárseles maravillosamente: los sucesos de Nautla, una villa costeña totonaca situada al norte de Veracruz. El cacique de Nautla, Cuauhpopoca, había conminado a los totonacas a entregar el tributo bienal a México; los totonacas se rehusaron y pidieron apoyo a la guarnición de españoles estacionada en Veracruz. Se encontraban así en confusa situación los aztecas, pues si por un lado exigían Cortés y los suyos oro y bastimentos, por otro apoyaban las rebeldías de los indígenas sometidos que rehusaban el tributo a México. Cuauhpopoca resistió en estas condiciones el ataque de la guarnición de Escalante —quien muriera a consecuencia de la batalla— y los aliados indígenas de Totonacapan. Los españoles incendiaron Nautla, pero no pudieron reducir a los defensores de las fortificaciones cercanas a Tuxpan, retirándose con sus heridos, entre ellos, el capitán, y sintiendo la pérdida de hombres y caballos. Los cronistas españoles nos han informado que los trofeos de las cabezas de un caballo y de un soldado, que se decía Argüello, fueron enviados a México; esta última cabeza, "muy grande y la barba prieta y crespa".

Bernal Díaz, a quien debemos el relato de los sucesos de Nautla, nos da igualmente una versión única de la infamante prisión. Cortés colocó a sus mejores soldados en las afueras de palacio y a continuación se presentó ante el monarca y le reprochó, como usualmente lo hacía, su doblez, la rebeldía de Cuauhpopoca y las batallas y pérdidas de Nautla. Moctezuma declaró su inocencia y ordenó que trajesen de la costa a Cuauhpopoca, enviando su sello de jade para que los blancos hicieran justicia.

Sin embargo, Cortés no quedó satisfecho y pidió a Moctezuma que se entregara prisionero; primero Moctezuma no quería salir preso de sus palacios, pero finalmente accedió por cobardía. Velázquez de León, un capitán de Cortés, interrumpiendo la escena, dijo muy alterado que si Moctezuma se rehusaba o alborotaba, le darían muerte a estocadas. Moctezuma todavía suplicaba a Cortés que tomara a sus hijos como rehenes y lo eximiese de la afrenta. Finalmente, fue conducido en sus andas al cuartel de Cortés, en el palacio de Axayácatl, frente a los suyos, que de inmediato le demandaron guerra. Moctezuma fingió haber ido voluntariamente, acatando el mandato de Huitzilopochtli.

Pocos días más tarde, Moctezuma recibió otra afrenta. Los españoles lo encadenaron para poder hacer, sin temores, justicia sobre Cuauhpopoca y los nobles traídos de Nautla; México-Tenochtitlan pudo contemplar a la flor de la nobleza alzarse en andamios y ser flechado el viejo *Tlacaxipehualiztli* indígena, entregándolos más tarde a la hoguera. Los mexicanos —Cuauhtémoc entre ellos— contemplaron con lágrimas la siniestra pira en que ardían los restos de Cuauhpopoca, Cóhuatl, Quiáhuitl y otros señores de las guarniciones totonacas. Los españoles pretendieron, más tarde, que en los últimos momentos habían confesado los de Cuauhpopoca que habían recibido órdenes de Moctezuma para combatir a los blancos. Con amarga ironía, Cuauhpopoca, al llegar a la presencia de Cortés y al preguntarle éste si su señor era Moctezuma, respondió con soberbia "que si había otro señor de que pudiese serlo" (Cortés).

Después de esto, Cortés abatiría en la cabeza del Imperio al señor de Texcoco, Cacamatzin. Al rebelarse Cacamatzin por la prisión del señor de México, se encerró y se hizo fuerte en la ciudad texcocana. Cortés deseaba pelear contra él, pero nuevamente Moctezuma cometería una infamia; combatir contra aquella ciudad en las riberas del lago era difícil para los españoles, así que él los reduciría. Cacamatzin fue traicionado, y cayendo en una celada lo llevaron en canoas a la ciudad lacustre, en donde fue entregado a Cortés para ser reducido a prisión y cargado de grillos, mientras Cortés designaba un nuevo señor para Texcoco, un mancebo llamado Cuicuitzcatzin. Gómara, a quien informara Cortés, dice que Cacamatzin quería la guerra para sus vasallos y para la defensa de su tierra; que había echado en cara a Moctezuma que debía ser "señor y no esclavo", su poca sangre y ser cautivo de extranjeros en un reino usurpado, de dioses abatidos y suelo hollado por salteadores; Cacamatzin quería la libertad de su pueblo "con la espada". Gómara describe a Cacamatzin, como un "mancebo feroz, de ánimo y honra".

El comportamiento infame y cobarde de Moctezuma puede encontrar explicación parcialmente en las palabras que pronunció ante los suyos con motivo de la prisión de Cacamatzin, pues en estas palabras, recogidas por el mismo Cortés, vuelve a hablar que aquel señor (Quetzalcóatl) que había anunciado su vuelta y que "según las cosas que el Caitán [Cortés] nos ha dicho y según la parte de él dice que viene, tengo por cierto que aqueste es el señor que esperábamos". Nuevamente en la encrucijada de dioses u hombres Moctezuma decidía estar con los *teules*; pero Cuauhtémoc se rebelaría contra el mito y combatiría a los hombres. Cortés añade que estas palabras las dijo Moctezuma "llorando con las mayores lágrimas"; algo que partió el corazón de los españoles y los indujo a compadecerse.

Mientras tanto, los españoles revolvían el país buscando oro. Husmeando el palacio de Axayácatl, habían encontrado la pieza sellada que guardaba el legendario tesoro de

Axayácatl y se habían adueñado de él. Tomaron todo y en todos los lugares buscaron el metal. A los escudos de plumas preciosas de quetzal les fueron arrancadas las placas de oro, y el símbolo precioso de la pluma fue entregado al fuego. Pero los extranjeros no parecían satisfechos y demandaron el nombre de las provincias del oro; Moctezuma les dio las señas y los envió al istmo mexicano, en la costa Oriental (Tuxtepec, Malinaltepec) y Occidental (Tutupepec), en las provincias chinantecas, hacia Coatzacoalcos, Tamazula y Zacatula. La gente de Cortés partió, y regresó con la noticia de los ríos con pepitas de oro y tributos en metales elaborados.

Por otra parte, Cortés insistía ante Moctezuma en derrumbar los ídolos del Templo Mayor. Moctezuma se rehusaba, haciendo ver al conquistador que eso significaba la guerra; pero finalmente accedió a que los castellanos levantaran un altar en un rincón de la pirámide del templo, alzando una cruz de madera y colocando la imagen de la Virgen. El primero de diciembre de 1519, se dijo la primera misa pública en el México indígena. En este aspecto, los indígenas no forzaban demasiado su pensamiento; substituir a sus dioses significaba la guerra, pero aceptar otros dioses era comprensible y usual dentro de su politeísmo; como antes habían asimilado el culto de la Tlazoltótl huasteca y el Xipe zapoteca, hoy recibían la cruz cristiana en el panteón de sus dioses. Bernal Díaz, sin embargo, asienta que los rumores de guerra se extendieron, y nuevamente aconsejó Moctezuma a Cortés que abandonara la ciudad imperial.

Pero un nuevo arribo a Chalchicueyecan vino a cambiar el curso de los acontecimientos; 19 carabelas habían anclado en San Juan de Ulúa.

CAPÍTULO XV

Narváez: la fortuna gira la rueda

Una extraña noticia llegó a oídos de Moctezuma durante su prisión en el cuartel español: 19 carabelas con hombres blancos habían arribado de Oriente. Necio e ingenuo, lo atribuyó al hecho de que Cortés le había prometido enviar por naves para volver al extraño país de su origen, por lo que con alegre semblante lo comunicó al español.

Cortés, que esperaba refuerzos de las islas, también sonrió con alegría mal disimulada. Pronto, las nuevas de la Villa Rica hicieron deplorar la situación. La armada era de Diego Velázquez, para someter al rebelde extremeño; con su capitán, un vizcaíno llamado Pánfilo de Narváez, tan valiente como soberbio. Venían 800 hombres, 80 escopeteros, 120 ballesteros, 12 cañones y 80 caballos. Un despliegue de fuerza inusitado que el propio Velázquez activara y estimulara con la codicia despertada por las noticias de haber enviado Cortés a Carlos V, el tesoro de Moctezuma. Narváez desembarcó en San Juan de Ulúa y avanzó hasta Cempoala, donde trató de atraerse a la masa indígena totonaca; algo que escapaba a la comprensión indígena, era ver divididos a aquellos *teules*. Cortés explicaba a Moctezuma que aquellos vizcaínos eran como los malos otomíes de las poblaciones indígenas. Narváez, igualmente, trató de requerir a la gente de Cortés estacionada en la Villa Rica para que se sometiera; pero Cortés en esa hora grave contó con leales capitanes: Sandoval rechazó la oferta de Narváez, y el propio Velázquez de León, pariente del Velázquez de Cuba, se mantuvo leal al conquistador al frente de la gente que conducía a Coatzacoalcos. El primero, por "muy varón en sus cosas", y el segundo, añade Bernal Díaz, porque Cortés lo tenía "atraído a sí con grandes dádivas y ofrecimientos".

Sin embargo, tan sólo por la fuerza numérica, Cortés parecía destinado a sucumbir. No se iba a enfrentar a masas poseídas por un terror místico ni a un enemigo desamparado técnicamente; iba a combatir a enemigos con mejores armas y numéricamente superiores. Sólo una confianza acompañaba a Cortés, su indiscutible genio guerrero y su extraordinaria astucia. Así que decidió abandonar la ciudad de México encomendándola al cuidado de Alvarado, a quien dejó la mitad de sus hombres; con el resto, al que se uniría en la costa Oriental la gente de Veracruz y los que marchaban a Coatzacoalcos, formaría el ejército que dominaría a Narváez.

Éste, mientras tanto, perdía un tiempo precioso en Cempoala. Además, perdía ante su armada todo aspecto de legitimidad, al reñir con un oidor real de Santo Domingo, Vázquez de Ayllón, que en bien de todos los españoles aconsejaba prudencia; pero Narváez, violento por la resistencia, envió preso al oidor a Cuba. Cortés, por otra parte, utilizaba con el éxito de siempre la mejor de sus armas, la intriga; con el mercenario Olmedo, envió a Cempoala una quinta columna destinada a ganar adeptos entre la gente de Narváez. Otro aliado poderoso, habría de ser el oro conquistado que generosamente hizo llegar al campamento de Cempoala: "secretamente... cadenas y tejuelos y joyas de oro", con su emisario Velázquez de León.

Cortés avanzó apresuradamente hasta las cercanías de Cotastla, desde donde requirió la situación legal de Narváez: obediencia si hay firma real. Pero en caso contrario, regresar a Cuba o aceptar las tierras que Cortés le señalara para conquista. Durante este tiempo, la intriga y el oro siguieron jugando un papel muy importante a favor de Cortés y, finalmente, conociendo la posición del enemigo, marchó sobre Cempoala. Narváez, que porfiaba y clamaba contra Cortés, llegando hasta a poner precio a la vida o libertad de aquel hombre, sonrió con escepticismo ante la noticia; salió a los alrededores y al no encontrar a los de Cortés, volvió a Cempoala confiado. Aquellos 260 hombres con sólo 16 jinetes, no despertaban temor en Narváez, y como aquel día llovió torrencialmente, su gente regresó al campamento de Cempoala.

Cortés les habló mucho a los suyos; les presentó la historia de los acontecimientos; encomió su confianza en sus capitanes y finalmente recibió la decisión de sus soldados: "vencer o morir". Todavía agrega Bernal Díaz, que Cortés fue advertido de no aceptar parlamentos y de que cualquier traición sería castigada con la muerte. Cortés concentró su interés en la artillería y en la persona de Narváez; marchó hasta situarse a pocas leguas del campamento de Cempoala, esperó la noche, y haciendo tocar los pífanos y los tambores ordenó la marcha. En la oscuridad de la noche, todavía más sombría por las lluvias, Cortés se colocó en los aledaños de Cempoala, pero sólo tuvo éxito en la aprehensión sigilosa del primer vigía, pues el segundo alcanzó a escapar y a dar aviso a Narváez. Sin embargo, los de Cortés, a paso de carga, pudieron sorprender a los de Cempoala antes de que les pudieran oponer resistencia organizada; los soldados con largas picas inmovilizaron a los caballos o los desbocaron cortándoles las cinchas, mientras un grupo audaz, al frente del cual iba Sandoval, asaltó la pirámide del cuartel de Narváez, prendió fuego al techo del templo y obligó a sus defensores a salir por el humo. Así, pronto capturaron a Narváez entre otros, quien perdió un ojo en la refriega, e hicieron esparcir la noticia de su derrota en medio de gritos de triunfo: "viva el rey, viva el rey, y en su real nombre ¡Cortés, Cortés! Victoria, victoria, que muerto es Narváez". Tan inusitado fue el ataque, que la artillería no alcanzó a disparar, lo que algunos explicaban más tarde por traición y soborno de los artilleros; y en pocos momentos Cortés dominó la situación. Narváez pudo decir aquella noche al conquistador: "señor capitán Cortés: tened en mucho esta victoria que habéis tenido, y en tener presa mi persona".

Cortés le contestó con orgullo, que capturarlo y desbaratarlo era "una de las menores cosas que en esta Nueva España he hecho".

Al salir victorioso ante aquella gran armada, Cortés había ganado para sí poderosos refuerzos que necesitaba en ese momento en que, como dice Bernal Díaz, "la adversa fortuna volvía de presto su rueda". México se había rebelado. Pero con Narváez, venía otro aliado más de Cortés, un aliado desconocido y temible: la viruela. Un negro enfermo que acompañaba a la armada contagió a los de Cempoala y pronto cundió aquella extraña "gran peste" o "gran lepra", como fue llamada entre los costeños totonacas.

Después de esto, Cortés regresó sobre sus pasos a marchas forzadas, porque la ciudad de México ardía y los mexicas sitiaban a Tonatiuh (Pedro de Alvarado), ya en franca rebelión.

CAPÍTULO XVI

La rebelión de los mexicas

En el quinto mes indígena, llamado *Tóxcatl*, se realizaba una de las fiestas religiosas más importantes del calendario, en honra del Dios Tezcatlipoca, señor de la noche y patrón de los hechiceros y de la guerra. En la ceremonia al dios, se sacrificaba anualmente un mancebo sin tacha, encarnación de Tezcatlipoca, al que durante un año se colmaba de deleites y placeres de la carne. Pero al llegar el día de la veintena de *Tóxcatl*, señalado como el de la culminación de la ceremonia calendárica, las mujeres que lo acompañaban y que simbolizaban a las diosas de las flores, el maíz y la sal, lo abandonaban; y después de ofrecérsele los postreros banquetes y homenajes, el mancebo, imagen de Tezcatlipoca, marchaba solitario a uno de los oratorios ribereños de la laguna, en donde sin ayuda, ascendía las gradas de la pirámide, rompiendo en los sucesivos escalones las 375 flautas que habían tañido durante el año. En la terraza de la pirámide se le despojaba de sus atavíos y riquezas materiales, para simbolizar así, dice Sahagún, que todos los deleites y bienes temporales habrían de terminar en dolor y en miseria. Finalmente, se le ponía sobre el *Téchcatl* o piedra de los sacrificios, y se le sacaba el corazón para ofrecerlo al dios.

Los sacerdotes tenochcas pidieron permiso a Tonatiuh, como llamaban en mexicano —que significa sol— a Pedro de Alvarado por su dorado y rojizo cabello. Tonatiuh accedió, con la condición de que la fiesta la realizaran sin portar armas y sin que se sacrificasen víctimas en la ceremonia.

Los sacerdotes aceptaron, quizás esperando sacrificar al mancebo a espaldas de los extranjeros, y empezaron los preparativos de la ceremonia: los patios del Templo Mayor fueron barridos por los novicios, se aderezaron con papel de amate los muros y se modeló con masa de maíz el ídolo de Tezcatlipoca, al que se engalanó con flores y banderas. Era un 18 de mayo.

Poesía, música y danza formaban un todo sutil en la época indígena. Los danzantes cantaban delicados y oscuros textos religiosos al compás de su música pentáfona, modulando las notas con *teponaztles*, atombores (*huéhuetls*), flautas, caracoles, silbatos y huesos esgrafiados para percusión. Podemos suponer que entre los oscuros textos religiosos que se debieron entonar, figuraba el que Sahagún recogiera en alabanza de Huitzilopochtli:

Huitzilopochtli, el guerrero. Nadie es igual a mí.
No en vano me he puesto el vestido de plumas
  amarillas, pues por mí ha salido el sol.
El hombre del país de las nubes ha sabido un
  pronóstico aciago.
Al hombre del país del frío le ha quitado un pie...

Se bailaba el *mecehualiztli*, la danza del merecimiento con el trabajo de los labradores. "Danzaban en corro —dice Gómara describiendo la danza en admirable síntesis—, trabados por las manos y por ringlera; bailaban al son de los que cantaban, y responden bailando. Los cantares son santos y no profanos, en alabanza del dios cuya es la fiesta..." Los danzantes habían acudido engalanados con las más finas plumas de aves preciosas, habían sacado las joyas de cristal y jade, los brazaletes y collares de oro, los tocados de radiantes plumas de quetzal; movían el cuerpo, la cabeza, los brazos y los pies, mudaban la voz. Pero cuando la fiesta crecía en belleza y majestad, cuando como dice el informante indio de Sahagún "se cantaba en rueda y el canto surgía como olas del mar...", y la multitud se arremolinaba para no perder los suaves cánticos, los movimientos del baile y los rumores de la música. Los mexicas percibieron cuando los españoles "cerraron en todas partes las salidas y entradas, la puerta del águila, en el palacio pequeño, en la punta del tubo, en la serpiente del espejo. Y después de haberlo todo cerrado, ya nadie podía salir. También cerraron todos los lugares donde la gente se hallaba en masas... Y después entran al patio del templo los soldados con orden de matar".

Pedro de Alvarado ordenó la señal de fuego, con el pretexto de una conspiración indígena, pero en verdad movido por la codicia de la riqueza de joyeles exhibidos en la espléndida fiesta o por querer imitar torpemente la política de temor ejemplar practicada por Cortés en Cholula.

Nadie, ni siquiera los cronistas españoles, han tratado de justificar el proceder tan brutal como estúpido de un conquistador ambicioso y sin escrúpulos; un escritor indígena al finalizar ese siglo, escribía inflamado de indignación contra él: "El malvado capitán Sol, Pedro de Alvarado, [era] de corazón perverso".

Una dramática descripción de la matanza del Templo Mayor fue recogida en la versión indígena de Sahagún: "rodearon a los danzantes, se metieron entre los músicos y entonces batieron al brazo del músico, cortadas fueron sus dos manos y después le cortaron la cabeza... A muchos atravesaron con su lanza de hierro y los mataron con su espada de hierro. A algunos atravesaron por detrás, inmediatamente salían sus intestinos, a algunos les desgarraron la cabeza... Y si alguno inútilmente se esforzaba en correr, entonces arrastraba sus entrañas. Quien quería salvarse, ya no podía dirigirse hacia ningún lado, quien quería salir [por la puerta] lo herían allí. Algunos lograron salvarse escalando los muros, otros se refugiaron en las casas de los sacerdotes y se salvaron allá; otros se salvaron entre [los muertos] fingiéndose muertos, pero si algunos de ellos se levantaba un poco, quien lo veía, lo mataba. Y la sangre de los caudillos corría como agua..."

Entonces se escuchó el grito de guerra. Los jefes de la tribu que quedaban corrieron en busca de sus flechas y escudos. Un clamor general se levantó en la ciudad convocando a los guerreros. Una nube de flechas y piedras cubrió a los *teules* y los obligó a replegarse a su cuartel, en el palacio de Axayácatl.

Entre los nuevos caudillos entra en la historia, por primera vez, Cuauhtémoc, el joven príncipe de Tlatelolco. Sin embargo, su actuación todavía no es suficientemente clara, aunque un hecho la haga indiscutible, el *tlacochcálcatl* o general de Tlatelolco, Izcuauhtzin, estaba preso con Moctezuma.

Durante los siguientes días los españoles se atrincheraron en el palacio de Axayácatl. Casi perdió Tonatiuh el contacto con los de Cortés. Los indígenas no acudían con bastimentos, y las desiertas calles hablaban elocuentemente a los españoles de la decisión indígena, mientras en las cercanías del palacio los guerrerros armados con sus escudos de combate, sus espadas, arcos y hondas, batían a cualquiera que quisiere abandonar el edificio. Alvarado, por otra parte, roció de saetas de ballestas y de disparos de fuego a los combatientes mexicas.

Después, Tonatiuh intentó buscar la paz amparándose en la intocable persona de Moctezuma. Izcuauhtzin, el general tlatelolca, también prisionero, fue obligado a asomarse a los pretiles de las azoteas a hablar a los suyos, a los guerreros de Tlatelolco y México. "Mexicanos — gritó —: os ruega Moctezuma que lo oigan; no igualamos en fuerza a los españoles. Deponed el arco y los escudos, pues no debéis olvidar a los niños y a los ancianos, a los indefensos. Moctezuma ha sido encadenado con hierro en los pies".

Un grito de cólera unánime éstalló: "¿Qué dice ese vil de Moctezuma? Ya [no somos] sus vasallos". Y el grito de rabia y el estrépito de guerra fue acompañado por una lluvia de flechas y piedras que oscureció el sol.

Pedro de Alvarado cometería otro error. A instancias de Moctezuma dejó libre a Cuitláhuac, también prisionero en el palacio, para que —decía el soberano de México— recomendara la paz a los mexicanos. Pero el valeroso señor de Ixtapalapa salió de la infamia de la prisión a ponerse a la cabeza de los suyos. Y mientras Cuauhtémoc surgía a la historia como el caudillo de la rebelión, Cuitláhuac pasaría como el héroe de la expulsión y derrota de los extranjeros en la Noche Triste.

Cuitláhuac ordenó el sitio de los *teules*. Desde los últimos días de mayo hasta el 24 de junio, los mexicas estrecharon un cerco infranqueable alrededor de los extranjeros. La muerte era el castigo para quien violara el bloqueo del palacio; muerte al que llevara víveres, muerte al que llevara noticias, así portara bezotes de cristal —símbolo de la nobleza— o vistiera el *ayate* de los *macehuales* (labriegos). La fuente, tantas veces citada, deja traducir la existencia de

Imagen de Cuauhtémoc en una moneda.

97

una cruel represión y purga de la nobleza partidaria de Moctezuma; se les echaba en cara ser criados de Moctezuma, canallas y traidores; los que pudieron se ocultaron. Más de un mes lunar permanecieron encerrados los españoles, pero el sitio no debió ser lo suficientemente eficaz en los primeros días para que no pudiesen hacer llegar noticias a Cortés.

Por último, los mexicas tuvieron noticias de que Cortés, vencedor de Narváez, se acercaba a México. Venía con gente de Tlaxcala y Cempoala, quienes cantaban sus himnos de guerra. Los tenochcas y tlatelolcas convinieron en ocultarse, en no dar el rostro a los españoles. Así, al penetrar en aquella imperial Tenochtitlan, Cortés pudo comprobar el viento de fronda que lo amenazaba; era el día 24 de junio de 1520, cuando atravesó las desiertas calles, en las que, como asienta el propio Cortés, "no se nos hizo honra ninguna en ella, ni pareció ningún señor, sino todo muy remontado y de mal arte..."

CAPÍTULO XVII

El sitio de los *teules*

Cortés mismo explica, por qué regresó rápidamente a México: "Vista la necesidad en que estos españoles estaban y que si no los socorría, demás de los matar los indios y perderse todo el oro y plata y joyas que en la tierra se habían habido, así de vuestra alteza como de españoles y míos, se perdía la mejor y más noble ciudad de todo lo nuevamente descubierto del mundo, y ella perdía todo lo que estaba ganando..." Desde Texcoco, el Malinche tuvo noticias ciertas de la situación de Alvarado y los suyos; allí recibió un mensaje de Moctezuma, en el que se excusaba de toda culpa y le suplicaba que depusiera su enojo, pues "a él le había pesado tanto cuanto a mí" (Cortés). El capitán pudo así penetrar en una ciudad silenciosa, en la que detrás de cada puerta, ojos llenos de odio contemplaban el retorno del triunfante Malinche.

Sin duda existía un plan indígena: encerrarlos en México y cortarlos del exterior, de la ayuda de los indígenas rebeldes al Imperio, separarlos de los núcleos tlaxcaltecas, cortarles las calzadas y exterminarlos lentamente. Dice significativamente el informante tlatelolca de Sahagún, que "los mexicanos mutuamente convinieron en no dejarse ver sino ocultarse, esconderse; como en plena noche nadie ya no hablaba una palabra en alta voz, aunque ellos estaban atentos en las aberturas de las puertas y en las aberturas de las murallas..."

Al día siguiente, acudieron los caudillos; los grupos indígenas cubrieron el palacio de Axayácatl con piedras y flechas. Parecía —dice Cortés— que el cielo las llovía. Los españoles dispararon sus ballestas, sus fusiles, sus cañones, aniquilando aquellas multitudes, cuyos escuadrones no estaban hechos para la guerra europea. Sin embargo, el peso de la gran masa rebelde se presentaba imponente; un capitán de Malinche fue obligado a retraerse con pérdidas y, finalmente, cercados en el palacio, vieron crecer aquel grupo indígena hasta presentarse amenazadoramente a las puertas de la fortaleza y derruir parcialmente sus muros. Malinche intentó durante los días siguientes avanzar sobre las calzadas y ganarles los puentes; pero tan pronto se retiraban, sus guardias eran obligados a huir o aniquilados. Cortés se ingenió para construir con tablones de madera especies de corazas colectivas que cubrían a los ballesteros del ataque de flechas y hondas que los abatían desde las azoteas de los edificios. Pero aún acorralado, decidió tomar a cualquier precio el Templo Mayor, la pirámide mayor, recién ganada por un grupo audaz de la nobleza indígena, experta en el arte de la guerra. Se habían abastecido de agua y alimentos, flechas, piedras y troncones para rodar por la escalinata. Eran 500 hombres. Cortés, herido en un brazo, ordenó subir las escalinatas, disparando sus armas. Los indígenas rodaron las vigas, lanzaron sus hondas, apretaron sus manos; pero todo resultó inútil, porque los españoles "subían muy despacio: descargaban sus fusiles, tiraban con ellos". Al aproximarse a la terraza de la pirámide, los defensores que quedaban saltaron a las azoteas de los templos circundantes; unos murieron al caer en el vacío, otros pudieron agruparse, pero finalmente todos fueron aniquilados. No escapó uno, dice el informante de Sahagún. Los que cayeron abajo fueron muertos por los soldados que estaban posesionados del atrio del templo; los que se agruparon en las azoteas fueron lentamente exterminados. Por tres horas se peleó "por manera que murieron todos; que ninguno escapó", dice Cortés, añadiendo este sereno y dramático elogio del vencido: "pelearon muy valientemente hasta que murieron".

En tan difíciles circunstancias, Cortés instó a Moctezuma para que hablase a su pueblo. Bernal Díaz recoge una tradición no comprobada por otras fuentes de que Moctezuma se rehusaba y decía con gran dolor: "¿Qué quieres de mí Malinche, que yo no deseo vivir ni oírle, pues en tal estado por su causa mi ventura me ha traído?" Y añade el cronista, que rehusaba verlo y escuchar "sus falsas palabras ni promesas e mentiras". Sin embargo, Moctezuma accedió y, escalando el pretil de las azoteas del palacio del viejo Axayácatl, habló a los jefes y a su pueblo. Un silencio solemne se hizo en la plaza, los caudillos abatieron las armas y los guerreros inclinaron respetuosamente la vista; pero cuando el rey entre reyes pidió a los suyos que cesaran aquella guerra, se alzó un clamor que llenó los ámbitos, se le criticó, se le llamó "mujer de los españoles", dice Durán, y finalmente una lluvia de piedras y flechas cayó sobre el débil y miserable monarca. Éste fue el último y definitivo rompimiento con los españoles; ahora iba a entrar como caudillo y a llenar las páginas de la historia un mancebo, Cuauhtémoc, el joven señor de Tlatelolco. Durán, cuyo texto confunde inicialmente a Cuitláhuac con nuestro personaje, dice que quien más animó a los mexicanos, fue el "valeroso mancebo Cuauhtemotzin, el cual, aunque mozo, salía cada día armado a pelear y a animar a los suyos".

Según la versión española, Moctezuma recibió una pedrada de los suyos al asomarse a hablarles, y a los tres días le causó la muerte; pero según las versiones indígenas, Moctezuma recibió la muerte de manos de los españoles. Ixtlilxóchitl llega hasta a pormenizar que el cuerpo había sido rematado por un estoque o espada que le atravesó las partes inferiores. De cualquier manera, el hecho de haber arrojado posteriormente los españoles fuera del palacio dos cadáveres, el del monarca y el del general tlatelolca, Izcuauhtzin, parece significativo de que la muerte no debe atribuirse a la andanada de piedras de los mexicas.

Cuando los mexicas recogieron el cuerpo de Moctezuma, muchos lo censuraban y decían: "Este vil a todo el mundo hizo temer —dice el informante de Sahagún—, en todo el mundo fue temido, en todo el mundo se sentía temor y horror hacia él..." Pero allí estaban ahora los silenciosos despojos de quien hizo decir al cacique de Zacatlán: "¿Pero hay otro señor en el mundo que no sea Moctezuma, el que abrió las puertas a los extranjeros, el que entregó al fuego a Cuauhpopoca y traicionó a Cacamatzin?" Sin embargo, México, respetuoso del varón que lo rigiera 18 años, lo incineró, con reales ceremonias. También Izcuauhtzin recibió el llanto de su tribu en la pira de Tlatelolco.

Un poco después, Cortés habló con los caudillos mexicas; acudió al pretil de las azoteas y los convocó para demandarles paz. La respuesta fue que abandonase la tierra y los dejarían en paz o que tuviese por cierto que "habían de morir todos o dar fin de nosotros", dice Cortés.

Otra vez habló con los caudillos de México en ocasión del descalabro sufrido en el Teocalli de Tenochtitlan. Cortés les presentó el daño de su ciudad incendiada y destruida, y la implacable muerte de sus habitantes; se le respondió reconociendo el daño, pero afirmando que estaban "ya determinados de morir todos por nos acabar —añade Cortés en sus *Cartas*—, y que mirase yo por todas aquellas calles y plazas y azoetas cuán llenas de gente estaban, que tenían hecha cuenta que, a morir veinte y cinco mil dellos y uno de los nuestros, nos acabaríamos nosotros primero, porque éramos pocos y ellos eran muchos, y que me hacían saber que todas las calzadas de las entradas de la ciudad estaban deshechas, como de hecho pasaba, que todas las habían deshecho, excepto una..."

Una sola calzada quedaba en pie: la de Tacuba; Cortés intentó ganarla. Esa misma noche salió por sorpresa de su cuartel, incendiando y arrasando casas; al día siguiente, seguro de su victoria, avanzó decidido a ganar la salida y alcanzó cuatro puentes que hizo cegar; otro día más y ganaría la puerta de Tenochtitlan. Al día siguiente, ganó las cuatro siguientes cortaduras que duramente le disputaban cuando se le hizo saber que los mexicas pedían parlamento. Al llegar a su cuartel, en el palacio de Axayácatl, después de liberar a un sacerdote que tenía como rehén, se enteró de que nuevamente le habían sido ganados los puentes y su gente perseguida se plegaba al campamento. Cortés mismo volvió sobre los puentes, pero ya habían sido nuevamente ahondadas las cortaduras, y el propio conquistador, aislado de los suyos, pudo escribir más tarde que "si Dios misteriosamente no nos quisiera salvar, era imposible escapar de allí".

El triunfo de los indígenas se extendió. Cortés volvió a recordar, que en su último parlamento con los jefes aztecas, le habían dicho que sólo podría salir de la ciudad por agua, lo que era imposible, porque sus dos únicos barcos habían sido quemados después de la matanza del Templo Mayor; y que los mexicas contaban con un aliado poderoso, el hambre y la sed, ya que el sitio cada vez era más vigoroso. Cortés decidió abandonar la ciudad antes de ser aniquilado, utilizando la única calzada, por cierto bien vigilada, que no habían destruido los mexicas.

Bernal Díaz y Aguilar nos han transmitido noticias sobre un acontecimiento que precipitó el pánico y el deseo de abandonar la ciudad antes de ser exterminados por los indios: un soldado apellidado Botello, al que en su mochila habrían de encontrar enigmáticos cómputos, preguntas y respuestas astrológicas, había pronosticado: "que si aquella noche que venía no salíamos de México, que si más aguardábamos, que ninguno saldría con vida". Las supersticiones medievales debían todavía influir poderosamente en aquel grupo de aventureros, para decidirse a abandonar precipitadamente el recinto. Pero la adversa fortuna del soldado Botello lo habría de señalar entre los que murieron en la terrible noche de la fuga, y entre sus papeles, aparte de un falo de badana, habrían de encontrar estas palabras: "Si me he de morir aquí en esta triste guerra en poder de estos perros indios..."

CAPÍTULO XVIII

La Noche Triste

La noche del 30 de junio de 1520, Cortés decidió abandonar su preciada conquista. Ordenó su gente y repartió el tesoro; a la vanguardia marchaban Sandoval y Ordaz; en el centro Cortés y Olid, quienes conducían a los prisioneros indígenas de los fuertes —los hijos de Moctezuma y Cacamatzin entre otros—, doña Marina y la hija de Xicoténcatl; Morla custodiaba el animal que conducía el tesoro que habría de perderse: más de 132 mil pesos en oro y joyas calculados en valor de la época; en la retaguardia Velázquez de León —que esa noche habría de morir a manos de los indígenas— y Pedro de Alvarado (Tonatiuh), a quien Cortés le impuso esa peligrosa posición como un castigo por lo del Templo Mayor. Por último, marchaban en apretadas filas los indígenas de Tlaxcala.

Cortés había hecho construir puentes móviles de madera para atravesar las cortaduras de la calzada despojadas de sus puentes. Había escogido la calzada de Tlacopan por ser la más corta y la única sólo parcialmente demolida por los mexicas.

Repartió los joyeles restantes entre los soldados, el oro, la plata y el jade, "porque sólo apetecían el oro y los *chalchihuites* —dice el indígena Cristóbal del Castillo, traducido por el padre Pichardo—, y al punto los españoles llenaron de oro sus talegas hasta la boca, de suerte que ninguno hacía caso de las armas, sino de llevarse o cargarse de mucho oro". El peso del metal y de la piedra preciosa, el jade, habría de dificultar a los soldados españoles su huida en aquella noche lluviosa, y la ambición de riqueza habría de cavarles su propia tumba; pero a los que pudieron salvar algo de oro se los habría de arrebatar Cortés al llegar a Tlaxcala.

Fue una noche de neblina, oscuridad y lluvia, aquella del 30 de junio, que en el recuerdo de los españoles quedó grabada como la Noche Triste —que la llamara Gómara— o la Noche Tenebrosa, que dijeron los documentos inmediatos al desastre. Al punto de la medianoche, Cortés dio la señal de partida y la consigna de silencio. Nadie hablaba, nadie osaba dirigir la palabra, arrastraban silenciosa y penosamente sus pies en el fango, marchaban vigilando el relincho de las bestias. Así pasaron tres tajos, pero al llegar al cuarto —en lo que hoy es la avenida Hidalgo—, al canal llamado Tolteca Acaloco, una anciana mexica que tomaba a esa hora agua con un cántaro sintió la huida de los extranjeros y gritó a los suyos:

—¡Mexicanos, venid aprisa, corred que ya se salen nuestros enemigos! ¡Ahora, ahora que es de noche se van fugitivos!

En ese momento se oyó otro grito, el de un sacerdote del templo de Huitzilopochtli, y su grito fue acompañado del lúgubre tañido de los teponaxtles y huéhuetls: "¡Oh caudillos, oh mexicanos, nuestros enemigos salen, acudid sobre las lanchas de guerra y a los caminos!"

En pocos minutos la laguna se llenó de lanchas de guerra, mientras las azoteas se erizaban de guerreros armados de espadas, arcos y lanzas; los caminos fueron cortados por una multitud, cuyos gritos de combate llenaban de angustia a la columna fugitiva. Las macanas de puntas de obsidiana, las navajas de sílex, las hondas y sus arcos empezaron la macabra tarea.

El pontón de madera había quedado inutilizado, y hubo que atravesar el canal de los Tolteca, utilizando una viga milagrosamente olvidada por los indígenas, pero los caballos se resbalaron y la confusión pronto se apoderó de la columna. La derrota y la confusión se hicieron más angustiosas; los españoles se precipitaron a las aguas, pero sólo algunos alcanzaron la otra orilla; la mayoría encontró la muerte en las aguas o arrastrados por los mexicanos que los arrebataban de los suyos para el sacrificio de guerra. Al final, el canal fue cubierto de seres humanos muertos y de caballos, hasta que "los últimos atravesaron a la otra orilla encima de los hombres y encima de los cuerpos", dice dramáticamente Sahagún (Libro XII).

En medio de la oscuridad —sólo interrumpida por los relámpagos de la lluvia—, sólo se oían los gritos de guerreros victoriosos de México, el llanto de los fugitivos, los alaridos de triunfo de los *tlamacazque* aztecas, y las maldiciones de los españoles que invocaban a Dios y a Santa María. El tesoro conducido por Morla se perdió, y el propio jinete encontró la muerte. Los prisioneros, hijos de Moctezuma, fueron muertos por los suyos, y Cacamatzin cayó en la confusión de la batalla, encontrando la muerte en aquella Noche Tenebrosa después de una digna prisión en el palacio de Axayácatl.

Más de 400 españoles y casi la totalidad de los indios tlaxcaltecas desaparecieron. Se perdieron la artillería y la pólvora, salvándose una escasa veintena de caballos. Cuando los extranjeros llegaron a Tlacopan (Tacuba), ya en tierra firme, y en los patios circundantes de la pirámide del lugar, Cortés recapituló sobre el desastre; dice la historia que lloró amargamente. Y "¿quién no llorara —dice Gómara— viendo la muerte y estragos?" El conquistador perdía, añade nuestro cronista, amigos, tesoro y poder, y con la imperial ciudad el reino entero; además, Cortés lloraba la incertidumbre de la lealtad de sus aliados de Tlaxcala. Si era recibido en son de guerra en aquella provincia, el corto número de supervivientes encontraría su tumba en esas extrañas y fascinantes tierras.

Un año después, a la vista de Tacuba, se habría de componer el primer romance viejo de que se tenga noticia en

América. Ahora los españoles no sólo iban a cantar los heroicos recuerdos de su guerra contra los moros, sino los trágicos de su lucha contra los infieles de Tenochtitlan. Bernal Díaz del Castillo, quien desgraciadamente sólo incluyó un fragmento del romance, dice que al mirar Cortés el templo de Huitzilopochtli "sospiró... con una muy gran tristeza", mientras sus soldados dijeron un cantar o romance:

> En Tacuba está Cortés
> con su escuadrón esforzado,
> triste estaba y muy penoso,
> triste y con gran cuidado,
> una mano en la mejilla
> y la otra en el costado...

Varios de los capitanes españoles se adelantaron a Cortés y le pidieron que amparara a quienes habían quedado en el puente. Cortés respondió que quienes habían escapado había sido por milagro, y volvió sobre sus pasos, pero sólo para encontrarse con Pedro de Alvarado que, mal herido, escurriendo sangre, le informó de la inutilidad del regreso; quienes quedaban atrás habían sido matados o estaban irremisiblemente perdidos. Cortés ordenó a la exhausta tropa española y a sus aliados, proseguir su marcha y alejarse del recinto mexicano. Volvieron a iniciar su penosa huida guiados por un indígena tlaxcalteca, seguidos de cerca por los mexicanos que los denostaban y combatían con sus hondas y arcos en medio de alaridos de guerra. Al amanecer de aquel día, alcanzaron las colinas del actual santuario de los Remedios; allí, rendidos, heridos y hambrientos, se hicieron fuertes; devoraron sus escasos bastimentos y bebieron agua. Por la noche, nuevamente en las sombras, volvieron a escapar marchando angustiosamente entre las veredas del valle. Pero aquel lugar quedó desde entonces como el supremo santuario de los españoles y la virgen del amparo, de los Remedios, patrona de los conquistadores.

Luego se dirigieron hacia el Norte, a Cuauhtitlán y Tepozotlán, pero antes pasaron por un pueblo otomí, enemigo de México: Teocalhueyacan. Allí se les recibió pacíficamente, se les ofrendó, mientras anunciaba Cortés por boca de doña Marina:

"¡No os preocupéis! No tardaré en regresar, regresaré pronto, pronto buscaré a éstos. De aquí se gobernará, aquí estará la sede gubernamental. El mexicano será aniquilado..."

Dice el informante de Sahagún, que los mexicas cedieron Tepozotlán a los invasores, pero que sus legiones los provocaban persiguiéndolos. Los españoles, si alcanzaban a algunos, allí mismo le daban muerte. Los espiaban tras de los magueyales, tras las formaciones rocosas, tras las apretadas florestas. Los españoles marchaban atemorizados. De Tepozotlán enderezaron su marcha al Oriente; así llegaron a la ciudad de Xóloc, también abandonada; la anterior, fue entregada al fuego y crepitaron y humearon los templos y las casas de sus habitantes.

Perseguidos y acosados los extranjeros —y ¡ay del que perdía la columna!—, alcanzaron los llanos de Otumba. Pero cuando ya creían haber roto el cerco indígena, en las colinas del llano apareció un imponente ejército indígena. Los mexicas intentaban a cualquier costo, impedir que sus enemigos salieran del valle de México; habían concentrado lo mejor de sus ejércitos para lograr que no escaparan por esa salida natural del valle. "Querían cortar el camino a los españoles", dice sentenciosamente el anónimo tlatelolca del Libro XII.

Los mexicas estaban al pie del monte del Sol (Tonan), y cuando los españoles se pusieron en marcha, los espías advirtieron a los suyos. En un momento se precipitó aquella imponente masa y los cercó. Cortés y los suyos decidieron pelear hasta morir, pues tan sólo el peso numérico parecía nuevamente destinado a aplastarlos. No había artillería ni pólvora; Malinche sólo pudo utilizar sus escasos y fatigados corceles; los destinó a quebrantar el ejército, abrir brechas para que la infantería y los aliados tlaxcaltecas diesen fin a la fúnebre tarea. Cortés, además, dio una orden: acuchillar preferentemente a los caudillos, a los hombres cuyos atavíos señalasen su rango. Sandoval, Olid y otros capitanes, llegaron hasta la nobleza dirigente en el supremo momento; un jinete, Juan de Salamanca, atravesó de una lanzada al Cihualcóatl. Al caer el jefe, los indígenas abatieron las armas, abandonaron el campo y huyeron de sus enemigos. Malinche sabía desde Cuba el valor simbólico de los caudillos; había explotado este conocimiento con la prisión de Moctezuma; ahora le tocaba emplearlo en aquellos difíciles minutos. El resto de los guerreros tlatelolcas, tenochcas, chalcas, xochimilcas, azcapotzalcos y texcocanos, abandonaron el campo perseguidos por los de a caballo; murieron muchos, casi se postraban, "casi corrían tras la muerte".

La mermada columna pudo así trasponer las serranías del valle mexicano el 8 de julio y alcanzar los valles poblanos, las tierras de sus aliados de Tlaxcala; atrás quedaba Otumba, el lugar donde Malinche había transformado su derrota en mágica victoria y en donde había renovado su prestigio. Se ha dicho que la batalla de Otumba es una de las grandes contiendas de la historia que han cambiado el destino de los hombres.

CAPÍTULO XIX

Ceremonias de triunfo
y de luto

Los días posteriores a la huida de la Noche Triste fueron de triunfo y de luto para los mexicas. Durante varias semanas resonaron los atambores y teponaztles de las pirámides convocando a tlatelolcas, tenochcas y a sus aliados. Tres ceremonias embargaron a los de México: el sacrificio de los prisioneros *teules*; el luto por los caídos, los muertos en el canal de los Tolteca y en los llanos de Otumba, y la elección y consagración del nuevo señor. Finalmente, trataron de reconstruir su ciudad y rehacer la moral del Imperio mexicano ganando aliados en las tribus neutrales. Una versión española, pretende que un corto grupo de españoles cortados del núcleo de Cortés volviera sobre sus pasos y se hiciese fuerte en el palacio de Axayácatl, en donde fueron lentamente exterminados.

Las versiones indígenas no mencionan el hecho, siendo además improbable si atendemos a la imposibilidad material de atravesar la erizada ciudad y el hecho de que los caballos y cadáveres rellenaron los tajos y sobre los muertos pasaron las columnas de la retaguardia. El problema, pues, al que se enfrentaron los mexicas al día siguiente, fue el de limpiar de cadáveres la laguna. El informante de Sahagún, dice que los sacaron en lanchas y los regaron en los cañaverales; se les despojó del oro y del jade. A los españoles muertos los pusieron en lugar especial, "los retoños blancos del cañaveral, del maguey, del maíz, los retoños blancos del cañaveral son su carne". Sacaron los caballos y las armas, la artillería pesada, arcabuses, ballestas, espadas de metal, lanzas y saetas, los cascos y las corazas de hierro, los escudos. También se recogió el oro disperso.

Pero quienes no habían caído en combate, quienes no habían muerto ahogados en la laguna, sino que habían sido arrancados de la columna de fugitivos y hechos prisioneros, fueron sacrificados. Durante varios días resonaron lúgubremente los *huéhuetl* del Templo Mayor, convocando a tlatelolcas y a tenochcas a presenciar el sangriento rito destinado a aplacar la cólera de los dioses ofendidos; grupos de españoles y tlaxcaltecas fueron llevados al recinto del Coatepantli, se les hizo escalar las graderías de la pirámide y colgados en el ara de los sacrificos *(techácatl)* se les abrió el pecho para ofrecer el corazón a Huitzilopochtli, el Dios solar y de la guerra. Sus cráneos —el despojo y trofeo que recordaba su época de cazadores de cabezas— fueron colocados en el andamio de cráneos, el *Tzompantli.*

Del hacinamiento de muertos de la laguna y calzadas separaron a los suyos. Buscaron a los nobles y a los sacerdotes, los condujeron en medio del llanto de los deudos, los ataviaron con sus plumas y joyeles. Entonces fueron incinerados sus cuerpos y la pira flameó en medio del llanto del pueblo.

Los pobladores de México contemplaron la cremación de los suyos y lloraron amargamente. Creyeron que los españoles "no regresarían jamás".

Habían huido el mes *Tecuilhuitontli.* Ahora tenían que restaurar el brillo de las ceremonias de los meses, por esto se barrió el templo, se colocaron los ídolos en los altares, se les adornó con plumas de quetzal y con collares de jade y turquesa, se les engalanó con sus máscaras de mosaico de piedras preciosas y se les atavió con floridos ramos.

También la ciudad fue lentamente reconstruida; se limpiaron las calles de tierra, se quitaron los obstáculos en las calzadas, se repararon los puentes. Pero las casas y los palacios quemados y derruidos quedaban como un mudo testimonio de la fuerza implacable de los blancos, los "irresistibles".

Algo que preocupó de inmediato al Consejo del pueblo fue la elección del nuevo señor. El consejo electoral, sin el fausto y grandeza de antaño, señaló a su nuevo caudillo: Cuitláhuac, el animoso señor de Ixtapalapa, al que Gómora llama "hombre astuto y valiente"; era el noble afrentado que Cortés retuviera prisionero y sólo dejara libre a instancias de Moctezuma para pacificar a los suyos, pero en realidad el hombre que dejara los grilletes, no lo hizo para obedecer a su rey, sino para conducir a su pueblo. Éste fue el elegido, el *Huey Tlatoani* nuevo de México. Cuauhtémoc, el otro mancebo héroe de la resistencia, dio su voto por el valeroso señor de Ixtapalapa.

Ya no habría caravanas de víctimas precediendo la exaltación. Pero es seguro que algunos prisioneros blancos fueron utilizados en las ceremonias propiciatorias. Cuitláhuac pudo contemplar a su alrededor a los caciques de su mermado Imperio jurando fidelidad; allí estaban los caudillos del valle mexicano, del hoy Guerrero, parte de Veracruz y de Morelos.

También otro príncipe fue ungido como *Tlatoani*: Coanacochtzin. Texcoco pudo saludar a un descendiente de Netzahualcóyotl como su nuevo señor. Volvían así a quedar integradas las cabezas de la Triple Alianza: Cuitláhuac, Coanacoch y Tetlepanquetzal; los señores de México, Texcoco y Tacuba.

Pero cuando el Imperio empezaba a levantarse de su pasada ruina, cuando los mensajeros de México recorrían el país buscando la alianza de las tribus, se extendió una epidemia. Reinó un calor sofocante, llegó un temible y desconocido mal: la viruela. Un soldado negro de Narváez había contagiado a los costeños, a los totonacas, y desde allá se propagó el mal; caía sobre una humanidad no vacunada, sobre hombres sin resistencias naturales, y el país entero fue víctima de la enfermedad. Los indios la llamaron *huezáhuatl*. Como lepra cubrió a los enfermos.

Y en el duelo de la epidemia, México tuvo que llorar una gran pérdida: Cuitláhuac, el señor de México, quien falleció a los 80 días de su nombramiento, víctima del maldito *huezáhuatl*, terminando así el caudillo de la expulsión de los *teules*.

CAPÍTULO XX

Cuauhtémoc es el undécimo señor de México

Se calmaba ya la plaga divina, el *huezáhuatl* traído por los *teules*, cuando en el mes *Quecholli* de la cuenta indígena —la veintena que empezaba el 23 de octubre— murió Cuitláhuac, consumido por la fiebre de la viruela. Dice brevemente el *Códice Aubin:* "Solamente ochenta días gobernó: terminó el mes de *Quecholli* en el cual murió. Murió de calentura..." En efecto, al finalizar agosto o en la primera mitad de septiembre, había sido entronizado, muy poco después de la expulsión de los extranjeros; pero el extraño mal llegado con los blancos se extendió sobre México, y Cuitláhuac murió al cuarto mes lunar de su nombramiento.

Convocaron otra vez al Supremo Consejo del pueblo para designar al sucesor; había que traer a los señores del reino y a la nobleza del clan totémico de las águilas; pero entre tanto, se reunía el electorado, Cuauhtémoc —ahora sin discusión— recibió el cetro y el mando.

El príncipe de Tlatelolco, el héroe niño de la resistencia a los *teules*, iba a ser el caudillo en los aciagos momentos que venían.

Desde septiembre de 1520 hasta enero de 1521, Cuauhtémoc gobernó *de facto* el Imperio, ya que la ceremonia de la consagración no se realizó hasta los *nemonteni*, o cinco días funestos fuera del calendario indígena, días que en nuestro calendario caían del 28 de enero al 1o. de febrero del año siguiente. Dice el *Códice Aubin:* "Como decimoprimer señor durante los *nemonteni* del mes de *Quautliteau,* se entronizó Cuauhtemotzin". Es éste un dato desconocido hasta el día de hoy, pero significativo y extraño en la historia de Cuauhtémoc y de su pueblo.

El calendario de los aztecas se componía de 18 meses lunares de 20 días cada uno, quedando fuera del calendario de los meses cinco días, llamados *nemonteni,* que se consideraban funestos y de mal agüero. Estos días, dice Sahagún, los "tenían por mal afortunados y aciagos; decían que los que en ellos nacían tenían malos sucesos en todas sus cosas y eran pobres y míseros... No usaban hacer nada en estos días, por ser mal afortunados".

Entonces, ¿por qué la entronización de Cuauhtémoc se realizó precisamente en estos días de desventura? Sólo caben dos explicaciones, ya sea que fue consecuencia de una revelación mágica impuesta por los oráculos que así creyeron que al conjuro de los días infortunados iban a vencer a los blancos, a los "irresistibles"; o según se dé una explicación histórica: en enero de 1521 Cortés volvió sobre la ciudad de México y, aunque parcialmente rechazado en Ixtapalapa, su gente se presentó amenazadoramente a las puertas del reducto lacustre; por esto, se tenía que apresurar la elección, aun sin el consorcio de la nobleza guerrera de provincia para hacer frente a la situación. De todos modos, Cuauhtémoc ascendió al real solio en desusada situación, en los días adversos, de llanto y de recogimiento, en los *nemonteni* o días fuera de mes con los que concluía el año indígena; algo simbólico y que, como el nombre mismo de Cuauhtémoc, presagiaba días desdichados.

Bernal Díaz nos ha dejado la única descripción que ha llegado hasta nosotros del príncipe mexicano (CLIV, CLVI, CXXX). "Bien gentilhombre para ser indio y de buena disposición y rostro alegre", dice el cronista español, describiéndolo como si lo tuviese a la vista: "De muy gentil disposición así de cuerpo como de facciones, y la cara algo larga y alegre, y los ojos más parecía que cuando miraban que era con gravedad que halagüeños... y la color tiraba su matiz, algo más blanco que a la color de los indios morenos". Todavía añade Bernal Díaz una nota más de elogio para el hermoso príncipe de Tlatelolco: "muy esforzado y se hizo temer de tal manera, que todos los suyos temblaban de él".

Correspondió a Coanacochtzin y a Tetlepanquetzaltzin entronizar al príncipe tlatelolca. Tocaba a ellos por derecho realizar la ceremonia de consagración, pues eran las cabezas de la Triple Alianza. Pero sin la pompa antigua y sólo echando mano de prisioneros de guerra tlaxcaltecas, se realizó la ceremonia en el Templo Mayor. Un ominoso vacío presagiaba a Cuauhtémoc las dolorosas traiciones que le esperaban: casi todo el Oriente había escapado al dominio de México, y del propio valle mexicano y de Cuernavaca muchos no asistieron porque le temían al capitán Malinche, por resentimiento a los aztecas o por cobardía. Los señores de Texcoco y Tacuba abrían el cortejo que conducía a Cuauhtémoc a la pirámide de Huitzilopochtli; allí se le atavió, se le tiñó de negro, fue rociado con aguas sagradas y se le dotó de los mágicos símbolos de inmunización y poder, ataviándosele con la manta pintada con cráneos y huesos, símbolo de la tierra. Finalmente, Coanacoch, señor de Texcoco, habló para pronunciar las palabras con que generalmente saludaban al nuevo soberano.

En el recinto del Templo Mayor se hizo un silencio de muerte al concluir su oración el rey de Texcoco. Cuauhtémoc iba a hablar. Desafortunadamente, la historia no ha recogido sus palabras, pero podríamos reconstruirlas si tenemos presentes sus futuras oraciones al pueblo, transmitidas por los cronistas: encareció a los suyos valor, fe inquebrantable en los dioses y decisión para vencer en aquella amarga hora; porque la derrota significaba esclavitud y muerte. Quizá terminó con estas palabras que, por usuales en estas ceremonias, recogió Sahagún como oración con la que respondía el señor recién consagrado a su pueblo: "Por ventura pasará sobre mí como sueño [la regencia], y en breve se acabará mi vida; o por ventura pasarán algunos días y años, que llevaré a cuestas esta carga que nuestros abuelos dejaron cuando murieron, grave y de muy gran fatiga, en quien hay causa de humillación más que de soberbia y altivez".

Realmente, los presagios no podían ser más siniestros. Malinche había vuelto como un alud sobre Tenochtitlan, y los enemigos, los tlaxcaltecas, cantaban ya cánticos de victoria, mientras los tibios y los cobardes se inclinaban lentamente ante el poder de los extranjeros. Cuauhtémoc continuó la tarea de su predecesor: fortificar la ciudad. Hacer de la isla un reducto inexpugnable, ahondando acequias, cortando tajos, levantando murallas y cavando fosas. Cortés, que supo esto por un prisionero mexica tomado en Huauquechula, añade: "en especial supe que hacían lanzas largas como picas para [inutilizar] los caballos".

Pero el genio político de Cuauhtémoc iba más allá; tenía que fortalecer la ciudad, pero había que hacer posible una victoria formando alianzas ofensivas y defensivas con los enemigos tradicionales. Sus embajadores recorrieron Anáhuac; ofrecían exención de tributos a los antiguos sojuzgados y paz inquebrantable a los enemigos tradicionales. Gómara, que amplía las noticias de las cartas de Cortés, dice que Cuauhtémoc envió mensajeros por todas las tierras: "Unos a quitar tributos a sus vasallos, y otros a dar y prometer grandes cosas a los que no lo eran, diciendo cuán justo era seguir y favorecer a él que no a Cortés, ayudar a los naturales que no a los extranjeros y defender su antigua religión que no acoger la de los cristianos, hombres que se querían hacer señores de lo ajeno; y tales, que si no les defendían luego la tierra, no se contentarían con la ganar toda, más que tomarían la gente por esclavos y la matarían..."

Este intento de alianza, incluso con los enemigos tradicionales, ya la hemos visto con Tlaxcala; pero una confirmación de lo mismo la encontramos con los tarascos, pues *La relación de Mechuacán* refiere estos propósitos, aunque equivocadamente atribuya el mensaje de paz a Moctezuma, entonces muerto, y no a Cuauhtémoc, quien defendía la ciudad cuando los españoles hicieron su campamento en Texcoco. Dice la *Relación*, que los señores de Tzintzuntzan aceptaron enviar sus embajadores a Tenochtitlan para conocer a los blancos, a los hombres de rostro calcáreo venidos de Oriente; allí se les llevó en canoa hasta Texcoco y desde un promontorio avistaron a los españoles; allí se les incitó a sumarse a México, reconociéndolos como grandes flecheros y proponiéndoles un plan: "vosotros los de Michuacán por allí vendréis, dijeron señalando un llano, y nosotros iremos por otra parte y así los mataremos a todos". La alianza fracasó, pues Zuaungua, soberano tarasco, rechazó el plan y el oráculo de los mexica que anunciaba que México nunca sería destruido, y nunca sería incendiado.

Cuauhtémoc y su gente.

Los tarascos temían a los mexicas, pensaban en una traición y prefirieron paralizar a sus guerreros. Poco tiempo después, víctima de la viruela de los extranjeros, moriría Zuaungua, y su sucesor, Zinzicha —llamado Caltzontzin por los mexicas—, habría de rechazar la alianza nuevamente pedida por los de México. Todo era inútil. Sin embargo, Cuauhtémoc decidió encerrarse en aquella isla hasta hacerla la tumba de su pueblo o el lugar de la victoria.

Pero en medio de tal adversidad, Cuauhtémoc encontró un dulce desahogo en su matrimonio con la joven viuda de Cuitláhuac, la hermosa princesa mexica Tecuichpo. Ésta era hija de Moctezuma y, por esto, su enlace venía a dar legitimidad a la sucesión real de México. Bernal Díaz la describe como "bien hermosa para ser india" (CXXX), y añade más adelante, que era "muy hermosa mujer y moza" (CLVI).

CAPÍTULO XXI

Xicoténcatl: una voz
en el desierto

Después de escapar Cortés hacia tierras de Tlaxcala, allí en Hueyotlilpan —un poblado de 4,000 habitantes—, los tlaxcaltecas le renovaron su adhesión y subordinación. Tlaxcala selló su historia de República libre, cuando los cuatro jefes de los clanes, acompañados de los señores huejotzincas, se presentaron ante Cortés para manifestar su amistad y permanente alianza. Los cronistas españoles recogieron estas palabras de Maxiscatzin:

—¡Oh Malinche, Malinche, cómo nos pesa vuestro mal y los muchos de los nuestros que con vosotros murieron! Ya os lo habíamos dicho que no fiaseis de gente mexicana porque un día u otro os habían de dar guerra. En vuestra casa estáis: descansad. Y no penséis, Malinche, que fue poco escapar con vida de aquella fuerte ciudad, pero nosotros os decimos que si antes os teníamos por muy esforzados, ahora os tenemos por mucho más. No os acongojéis por el duelo de las mujeres de Tlaxcala por los suyos. Mucho debéis a vuestros dioses que os permitieron alcanzar a Tlaxcala y salir de entre la multitud de guerreros que os aguardaban en Otumba.

Al otro día, Cortés dejó aquel poblado y se fue hacia el centro del señorío de Tlaxcala. La ciudad lo recibió cordialmente, renovó su entregamiento sin condición a los *teules*, y alojó y abasteció a la famélica y destrozada tropa de españoles.

Sin embargo, en medio de esta fatal ausencia de perspectiva política, una voz tlaxcalteca se levantó contra los extranjeros: la de Xicoténcatl, el Mozo. Gómara y Bernal Díaz, que refieren este suceso, culpan de la decisión de este hijo de uno de los señores de la República tlaxcalteca a los embajadores de México; y sin duda pudieron haber influido en el ánimo del valoroso Xicoténcatl las palabras de alianza ofrecidas por los enviados de Cuitláhuac y Cuauhtémoc, pero más que nada, debieron influir en él su ánimo de libertad y sus deseos de eliminar la esclavitud cada vez más visible de su pueblo, como lo habrá de declarar más adelante. Menciona Bernal Díaz, que Xicoténcatl, el Mozo, que fuera el caudillo de las batallas tlaxcaltecas en el momento del arribo español al señorío, al tener noticias de la huida de México, convocó a sus parciales y les pidió que combatiesen a los extranjeros y buscasen la amistad de los mexicas; una noche sería suficiente para caer sobre los extranjeros y exterminarlos; la más leve presión militar, y los aniquilarían o arrojarían hasta la costa oriental. Pero habiendo llegado a oídos de Chichimecatecuhtli, otra de las cabezas y jefes guerreros de la tribu tlaxcalteca, éste convocó a consejo —presidido por el viejo e incondicional amigo de los españoles, Maxiscatzin—, y pidió la reprobación de la conspiración y la muerte del joven Xicoténcatl. Maxiscatzin sumó su voz de reprobación recordando los beneficios de la alianza de Tlaxcala con Malinche, y como Xicoténcatl porfiase en sus propósitos, se le arrojó del Consejo de la tribu y se le empujó gradas abajo del recinto con palabras injuriosas. Sólo el respeto al viejo Xicoténcatl salvó la vida del guerrero tlaxcalteca.

Por otro lado, la situación para Cortés no podía ser más dolorosa, pues algunos heridos murieron y otros quedaron mutilados. Algo como para partir el corazón. Un fuerte grupo requirió a Cortés para que dejaran Tlaxcala y se hicieran fuertes en Veracruz; se sentían inseguros en medio de aquellos aliados indígenas sin una salida al mar y deploraban haber abandonado sus cómodas estancias de Cuba y haberse aventurado en aquel mundo desconocido. Cortés, sin embargo, mantuvo firmemente su decisión de no desamparar el país, sino de mantenerse en él hasta vencer; justificó su derecho de conquista en el servicio de Dios y del Rey, acentuando el derecho que asistía a los españoles para difundir la religión cristiana, "la gran causa", dice el propio conquistador. Servir a Dios y al Rey, añade Bernal.

Los españoles descansaron y se rehicieron, pero todavía no transcurría un mes, cuando Cortés trató de recobrar el prestigio perdido. Tepeaca fue escogida como la próxima presa, pues durante los días tenebrosos había combatido y aniquilado a un grupo de españoles que iba de Tlaxcala a Veracruz, llevando el oro recogido en Coatzacoalcos. Tepeaca era una de las avanzadas nahuas y una ciudad aliada de México; partía términos con Tlaxcala y era una de las rutas aztecas con dirección al Sur (la mixteca y la zapoteca oaxaqueñas), y al Oriente (Cotastla y Coatzacoalcos). Cortés marchó con 40 mil indios aliados siguiendo el rumbo de Huejotzingo, Cholula y Acatzingo; y se pidió la paz a la ciudad. Pero Tepeyácac (Tepeaca) respondió con temeridad afirmando sus deseos de combatir a los blancos y de aniquilarlos. La ciudad fue asaltada a sangre y fuego; algo que era bien conocido por los indígenas. Pero el capitán Malinche, ahora inició una nueva política que justificó no sólo en el deseo de obtener ejemplaridad en el castigo y en imponer temor a los rebeldes, sino también arguyendo el canibalismo de los indígenas, no obstante que la antropofagia, practicada en pequeña escala, sólo lo era como un acto de comunión en las ceremonias religiosas; Malinche hizo los primeros esclavos en el pueblo de Quechólac, en el señorío de Tepeaca, haciéndolos marcar con hierros candentes que les grabaron la letra G, significando la palabra guerra.

Con su sagacidad peculiar, Cortés abandonó Tlaxcala y trasladó su campamento a Tepeaca, la segunda villa española de Anáhuac y a la que llamó Segura de la Frontera. Al mismo tiempo dio nombre a aquellas tierras que por la "similitud" con las de España, tanto en la fertilidad como en ríos y en otras muchas cosas —dice—, pidió llamarla Nueva España del Mar Océano. Entre tanto, al retirarse de Tlaxcala, evitaba una peligrosa convivencia con sus aliados indios y las naturales fricciones y exacciones de un ejército de ocupación. Tepeaca, la ciudad vencida, cargó sobre sí, la pesada tarea de alimentar a los extranjeros y servirles en sus propósitos. Las mujeres más bellas fueron entregadas a los *teules*.

Desde Tepeaca empezó Cortés a arrebatar a los mexicanos su dominio sobre el oriente de Anáhuac, así el valle poblano como la costa de Veracruz. Tepeaca fue el centro de operaciones destinadas a dominar Huaquechula, un bello poblado de las estribaciones del Popocatépel y un hermoso vergel situado en las arenas volcánicas de la montaña humeante de los mexicanos, en cuyas nieves eternas vivía el Dios de las Lluvias. Los huaquechultecas fueron a ver a Malinche, solicitando ayuda para sacudir el dominio de los mexicanos, cuya guarnición alojada en un lugar fortificado les imponía tributos y vejaciones. Cortés envió a uno de sus capitanes de confianza, Olid, con los embajadores de Huaquechula; Olid siguió el camino de Huejotzingo, pero finalmente hubo de alcanzarlo el propio Malinche, para seguir la ruta de los volcanes, hacia Cholula, Atlixco y Huaquechula. Cortés entró en la ciudad, a marchas forzadas, porque su sola presencia había precipitado la rebelión, y los señores de México sitiados en uno de los palacios iban a ser totalmente aniquilados. Cortés logró salvar a alguno, sólo para recibir las primeras noticias de Tenochtitlan. La ciudad quedó liberada de la guarnición que en su huida alcanzó a dar fuegos a las chozas de los aledaños. Los derrotados aztecas atravesaron la garganta de los volcanes y descendieron al valle mexicano.

Luego Cortés avanzó más al Sur, hasta tierra caliente, Izúcar —el actual Izúcar de Matamoros—, en donde igualmente repitió el saqueo de la ciudad y logró expulsar a la nobleza dirigente partidaria de Tenochtitlan. Allí recibió un mensaje de extrañas y alejadas provincias, ofreciéndole tributos y subordinación; eran las personas mixtecas de Oaxaca, otra de las tribus derrotadas y señoreadas por México. En Izúcar, Cortés igualmente logró intervenir en la sucesión del señorío, vista la huida del cacique del lugar, quien había preferido refugiarse en México.

También desde Tepeaca salió otro de los más jóvenes y leales capitanes del conquistador hacia Jalacingo y Teziutlán, dos pequeñas villas al noroeste de Jalapa. Iba Sandoval a castigar a sus habitantes por haber combatido a un grupo español que venía con Narváez.

Las villas, frías y húmedas, en un llano rodeado de montañas, fueron requeridas de paz; Jalacingo, Teziutlán y sus aliados mexicanos, respondieron que darían muerte a los españoles, como en México sus hermanos lo habían hecho. Sandoval repitió la historia de las ciudades vencidas por Cortés; las villas fueron arrasadas, incendiadas y entregadas a saqueo, y quedó dominado así otro importante lugar en la zona oriental.

Mientras tanto, el prestigio de Cortés y la fama de México atraían nuevos aventureros. Con lentitud y seguridad Cortés veía engrosar su tropa; primero, los navíos enviados por Velázquez desde Cuba destinados al supuesto vencedor Narváez; después, las derrotadas armadas de Garay, el de Jamaica, que enviaba para la sujeción y pacificación de la Huasteca (Pánuco); y después, los comerciantes y aventureros atraídos por la fama de la riqueza en oro de las nuevas tierras. Lentamente Cortés rehacía su equipo militar en armas de fuego, ballestas, cañones y, sobre todo, caballos.

Pero antes de emprender Malinche su regreso al valle mexicano, cuidó de un arma sin la cual jamás dominaría a Tenochtitlan: los barcos destinados a sujetar a México por agua, pues sin el dominio lacustre de Tenochtitlan jamás podría derrotar definitivamente a los mexicas. Nuevamente la fortuna volvía a sonreír al conquistador; un soldado llamado Martín López, que era carpintero, fue el armador.

Se improvisó un astillero en Tlaxcala; desde Veracruz llegaron velas, hierros, palos, etc.; en Huejotzingo se cortó la madera y en Tlaxcala se la galibó y untó con brea de los pinares cercanos. Cortés armaba 13 bergantines; sin la presencia del hábil carpintero Martín López, la suerte del conquistador hubiera dependido tan sólo de la ayuda de España —quizá tardía o nunca recibida—. Martín López, al retomar su abandonado oficio, prestó al Malinche una colaboración inestimable.

CAPÍTULO XXII

Los *teules* regresan

Ya comenzaba a calmarse la epidemia de viruela en la veintena del mes *Panquetzaliztli,* cuando los españoles volvieron a ponerse en movimiento en Tlaxcala. Fue el 28 de diciembre de 1520 cuando Cortés, después de imponer al sucesor de su amigo Maxiscatzin —muerto durante la epidemia—, se movió con dirección a México. Había ordenado que se apresuraran las obras de carpintería de los bergantines y había realizado el usual alarde, cuando habló a los suyos repitiendo sus palabras de justificación de la guerra: "Pues para ello teníamos de nuestra parte justas razones; lo uno, por pelear en aumento de nuestra fe y contra gente bárbara; y lo otro, por seguridad de nuestras vidas". Gómara, que trae también la arenga, pone en boca de Cortés lo siguiente:

"Pues ¿qué mayor ni mejor premio desearía nadie acá en el suelo que arrancar estos males y plantar entre estos crueles hombres la fe, publicar el Santo Evangelio? Que pues vamos ya, sirvamos a Dios, honremos nuestra nación, engrandezcamos nuestro rey y enriquezcamos nosotros, que para todos es la empresa de México. Mañana, Dios mediante, comenzaremos".

La tropa contestó jurando vengar lo perdido y luchar por la fe cristiana y al servicio del rey, prometiéndose igualmente llenar sus bolsas con el oro de México. Cortés dio entonces la orden de partir, y los 500 infantes de rodela y espada o ballesta, los 40 de a caballo y los portadores de la artillería, empezaron a caminar ordenadamente hacia Texmelucan, última villa del señorío tlaxcalteca, a donde llegaron al atardecer; al día siguiente alcanzaron las faldas de la serranía del Iztaccíhuatl, desde donde volvieron a contemplar el valle mexicano, sus lagunas y ciudades insulares, sus calzadas y floridas chinampas, y a la vista de Tenochtitlan, dice Bernal Díaz, la tropa española "dio muchas gracias a Dios que nos la tornó a dejar ver. Entonces nos acordamos de nuestro desbarate pasado de cuando nos echaron de México, y prometimos si Dios fuese servido de tener otra manera de guerra".

Pero cuando empezaron a descender, las veredas se tornaron más intrincadas y los españoles tuvieron que abrir los caminos intencionalmente sembrados con magueyes, apartando los troncos de los pinos y la maleza regados a propósito, así como salvar los tajos abiertos por los hombres de Cuauhtémoc. Además, había sido inútil que Cortés escogiera el camino más difícil tratando de sorprender a los mexicas, pues apenas asomó su tropa al valle, cuando en todos los puntos altos de la sierra se incendiaron fogatas y ahumadas que servían como avisos de alerta.

Un ambiente de muerte reinaba en el valle, y en una de las ciudades de las fronteras con el señorío tlaxcalteca, Calpulalpan, a la que Sandoval habría de castigar por la muerte de una partida española durante la rebelión de México, matando y esclavizando a sus habitantes, los españoles renovaron la angustia de la Noche Triste. En efecto, en Calpulalpan una partida de españoles que iban por allí al tiempo de la rebelión de México habían caído en una celada y, hechos prisioneros, todos fueron sacrificados. Sandoval pudo contemplar todavía las cinco cabezas de los caballos y dos de sus jinetes; los caballos perfectamente adobados y las momificadas cabezas de sus jinetes, todavía con la ropa del sacrificio, colgaban de las paredes del templo como ofrendas a los ídolos. Algo que, como dice Cortés, "nos renovó todas nuestras tribulaciones pasadas", sobre todo cuando en las paredes de las casas sacerdotales encontraron escritas estas dramáticas palabras: "Aquí estuvo preso el sin ventura de Juan Yuste... que sin duda fue cosa para quebrar el corazón a los que lo vieron".

Seguido por el vocerío de guerra, Cortés se aproximó el último día del año a Texcoco. En sus cercanías, en Coatepec, recibió una misión de paz que le enviaba Coanacochtzin, cuyo portador abría con una bandera de oro; pedía perdón para la ciudad y que el Malinche ordenase a sus aliados tlaxcaltecas que no hicieran daño a la población; invitaba además al capitán a alojarse en Texcoco para el día siguiente.

Pero Cortés insistió en entrar en la ciudad aquel mismo día, y al atardecer entró triunfalmente con sus tropas en el palacio de Netzahualcóyotl, el viejo y asombroso palacio que levantara el rey poeta, en donde se acomodaron holgadamente los 600 soldados en las espaciosas salas y anchurosos patios; pero todavía no caían las sombras de la noche, cuando dos de sus capitanes, Olid y Alvarado, desde la terraza de la pirámide de Texcoco, pudieron darse cuenta de que los nativos de aquella ciudad la abandonaban llevando consigo sus hijos y sus enseres. Cortés pudo comprobar con cólera la burla de aquella misión de paz, pues al ordenar que se aprisionase a Coanacochtzin, éste había huido para refugiarse en México, el baluarte de la Triple Alianza: "yo deseaba como a la salvación, haberle a las manos", escribió el mismo Cortés.

Sin embargo, el conquistador recordó que en los campos de Tlaxcala retenía prisionero desde su huida de México a un príncipe texcocano, Ixtlilxóchitl. La batalla por la legalidad y su tradicional política de dividir para gobernar lo estimularon a enviar por él. Ixtlilxóchitl debió recordar al sumarse a Cortés que un hermano de él, Cuicuitzcatzin, habiendo escapado del campamento de Tlaxcala de los españoles y vuelto a Texcoco, fue acusado de cobardía y traición por su tribu y ajusticiado. Ixtlilxóchitl —que sustituyó a un hermano bastardo llamado Tecocoltzin— aceptó el señorío, y recibió las aguas del bautismo cristiano con el nombre de don Fernando. Desde ese momento, fue sin duda uno de los más eficaces aliados indígenas de Cortés; y uno de sus descendientes, el cronista Alva Ixtlilxóchitl, asienta que su ayuda pesó tanto a Cuauhtémoc, que el príncipe mexicano llegó a poner precio a la vida de quien así lo traicionaba.

Cortés estuvo en Texcoco pocos días, pues el 7 de enero realizó su primera entrada sobre una ciudad mexicana. Escogió la cercana y leal Ixtapalapa, una villa de 10 mil vecinos, cuyas casas en parte estaban construidas en las chinampas y aguas de la laguna de México. Ixtapalapa era la ciudad regida por Cuitláhuac a la llegada a México y les recordaba, por lo mismo, el nombre del caudillo, recientemente muerto, héroe de la expulsión en la Noche Triste. Los soldados españoles entraron en la ciudad por una larga calzada, peleando encarnizadamente, pero los ixtapalucas, al írseles acorralando y empujando hacia las márgenes de la laguna, rompieron un dique que separaba las aguas más altas del vaso salitroso de Texcoco de las aguas dulces de la laguna de México. Las aguas corrieron desbordadas sobre Ixtapalapa y su calzada, y aquella noche, cuando los españoles creían haber conseguido una señalada victoria y contemplaban embebidos a los guerreros de Ixtapalapa embarcarse huyendo en sus canoas, a los que perseguían sin entender otra cosa que "matar a diestra y siniestra", como dice Cortés, el propio conquistador vio crecer amenazadoramente las aguas, y recordando el rompimiento del dique ordenó a los suyos la retirada. Ya en la oscuridad de la noche, perdiendo muchos indígenas aliados que quedaban a la rezaga y abandonado todo el despojo de la aparente victoria, Cortés pudo salvarse alcanzando tierra firme antes de que las aguas del lago texcocano hicieran desaparecer la calzada, pues "certifico a vuestra Majestad —dice Cortés— que si aquella noche no pasáramos el agua o aguardáramos tres horas más, que ninguno de nosotros escapara". Y Bernal Díaz añade, que aquella retirada que les hablaba dolorosamente de las vidas y esfuerzos que iba a costar la conquista del bastión mexicano, la realizaron en medio de la "burla y la grita y silba que ponían" los guerreros mexicas.

Pero la derrota de Ixtapalapa no fue suficiente para restarle prestigio a los españoles, pues algunos días después dos pueblos del señorío de Texcoco, Huexotla y Coatlinchán, fueron a entregarse en servidumbre a Cortés, y apenas acababa el conquistador de aceptar aquella sumisión, cuando Otumba —la ciudad de los llanos de la cruenta victoria— y Chalco, enviaron sus misiones de paz. Esta última ciudad, en la región oriental del valle y en las riberas de la laguna, era la ambicionada llave de comunicación del valle de México con el señorío aliado de Tlaxcala. La posesión tranquila de Chalco significaba mantener un camino seguro y libre hacia Tlaxcala y el mar Oriental de Veracruz.

Por consiguiente, Cortés envió a un capitán de su confianza, Gonzalo de Sandoval, quien llevaba además al grupo tlaxcalteca que regresaba a su señorío. En Chalco recibieron a Sandoval amistosa y alegremente, pues la ciudad todavía recordaba que antaño había sido un señorío libre y que sus ligas —antes que Izcóatl los sojuzgase— estaban más que con las tribus del valle mexicano, con los señoríos poblanos y tlaxcaltecas. Los chalcas recordaron a Sandoval, que su amistad con los blancos la habían comprobado suficientemente durante los días amargos de la derrota de México, pues habían acogido a dos españoles que pretendían llegar a México durante la rebelión y los habían puesto a salvo dejándolos huir hacia Tlaxcala. Cuando los españoles regresaron al campamento de Texcoco, los acompañaba parte de la nobleza de la ciudad, y como cautivos de los chalca, algunos guerreros de México que estaban con ellos tratando de comprometerlos en la guerra con los españoles. Cortés liberó a los prisioneros y les dio un mensaje de paz para Cuauhtémoc: prometía olvidar la guerra pasada del canal de los Tolteca, si los mexicanos se sometían, de lo contrario, acabaría con todos y destruiría la ciudad; pero en vano esperó la respuesta, porque Cuauhtémoc, como refieren los cronistas, estaba decidido a ser libre con los suyos o a morir en la lucha.

CAPÍTULO XXIII

Los ataques a México

Los vigilantes de Cuauhtémoc le llevaron una noticia a México: 8,000 tlaxcaltecas, conducidos por el tlacochálcatl Sandoval, custodiaban unos tablones de cedro cortados en los bosques de Huejotzingo. Al llegar a Texcoco habían entrado con atabales, caracoles y otros instrumentos musicales cantando sus canciones de guerra. El capitán Malinche iba a armar sus *acalles*, es decir, sus barcos llamados "casas para el agua". Un temible enemigo contra México se estaba preparando.

Mientras Martín López armaba los bergantines, el capitán Malinche, aprovechando la presencia de sus aliados tlaxcaltecas, inició el primer ataque formal —después de la burla de Ixtapalapa— sobre México y sus ciudades aliadas. Desde su campamento de Texcoco salió con dirección a México, pasando por Xaltocan, Cuauhtitlán, Tenayuca —el pueblo de las serpientes—, Azcapotzalco y Tacuba.

Al pasar por Tacuba, los extranjeros lloraron con tristeza los recuerdos de la Noche Triste, y desde los palacios hollados de Tetlepanquetzal, que hicieron su fuerte, miraron a lo lejos la erecta pirámide del Templo Mayor. Cortés había entrado en Tacuba, del mismo modo que en las ciudades anteriores, saqueando e incendiando; pero allí tuvo que detenerse, porque en esa ciudad empezaba la calzada y las canoas henchidas de guerreros se presentaban en forma amenazadora. Bernal Díaz relata, además, un incidente de guerra muy común en la táctica indígena: los mexicas simularon huir hacia Tenochtitlan; pero ya que los enemigos se había adentrado en la calzada, los mexicas volvieron sobre sus pasos con mayor ánimo y los empujaron hasta Tacuba. El cronista menciona que por un espía aprehendido "Cortés supo muy largamente todo lo que en México hacía y concertaba Guatemuz, y era que por vía ninguna no había de hacer paces, sino morir todos peleando o quitarnos a nosotros las vidas".

Los españoles atacaron varias veces durante los seis días en que inútilmente el capitán Malinche buscó un punto débil de los mexicas, y los diversos reencuentros sólo sirvieron para confirmarle la decisión de libertad o muerte de aquella gente. Los guerreros de Cuauhtémoc injuriaban a los extranjeros gritándoles: "¿Pensáis que hay agora otra Moctezuma?" (Cortés). El invasor habló a los guerreros de México en aquella ocasión diciéndoles que los destruiría, y que la miseria y el hambre amenazaban su ciudad; pero los mexicas respondieron arrojándoles panes de maíz contestando que si los españoles tenían hambre la saciaran allí. Cortés también les había preguntado que si allí estaban los señores que les mandaban que se comunicaran con él; entonces los guerreros todos le respondieron, luego de deshonrarlo, que todos aquellos combatientes que miraba eran los señores de México.

Pero una revolución en el seno de México debilitó a los mexicas; esto lo confirman algunas palabras recogidas por Cortés. Y la versión de un levantamiento popular indígena contra la nobleza dirigente, lo que permitió a los guerreros constituirse en señores, está consignada en los *Anales históricos de la nación mexicana*. Dice esta fuente que, apenas se establecieron los españoles en Texcoco, los "tenochcas empezaron a matarse entre ellos". Mataron a sus príncipes, el Cihuacóatl Tziuacpopocatzin, a Cipactzin Tencuecuenotzin y a los hijos de Moctezuma, llamados Axayácatl y Xoxopeuáloc. La fuente indígena, añade: "al haber llegado la desdicha en esta forma, los tenochcas empezaron a hacer pleitos entre sí y a matarse mutuamente. Por eso fueron muertos los nobles. Suplicaron, cuando hablaron al pueblo para que se juntara maíz blanco, pavos y huevos: [pues] con esto daba tributo el pueblo. Los sacerdotes, pontífices y jefes fueron los que mataron a los soberanos cuando se enojaron. Cuando se mató a los nobles, sus asesinos dijeron: acaso colgaríamos a unos veinte. Y además nos colgarán..."

La muerte de los familiares de Moctezuma, sumisos a los españoles, podría interpretarse como el resultado de un intento de la nobleza para buscar la paz con los españoles. Sin embargo, el sacerdocio, como parte de la nobleza, acaudillado por Cuauhtémoc, reprimió sangrientamente aquella conspiración condenando a muerte a los responsables, entre otros, al propio Cihuacóatl de Tenochtitlan.

El regreso de Cortés al campamento de Texcoco, seguido de cerca por los batallones mexicas, no fue precisamente un augurio de fácil victoria. Había salido buscando despojo para los suyos y sus aliados tlaxcaltecas, pero al regresar por la ruta de Cuauhtitlán y Acolman, no llevaba un buen botín. Sin embargo, la desintegración del Imperio continuaba: en Texcoco lo esperaban misiones de Nautla, Tuzapan y otros pueblos totonacas del norte de Veracruz que le iban a rendir tributo al capitán Malinche.

Mientras tanto, la incursión española sobre Tacuba, le había permitido a una guarnición mexicana apostada en el valle de Morelos, en Huaxtepec, caer sobre Chalco y amenazarla peligrosamente por su traición. Por tal motivo, Cortés no sólo envió a Sandoval con órdenes de ayudar a los chalca, sino de avanzar hasta Huaxtepec y someter a la guarnición aliada de México. En Huaxtepec, un antiguo vergel de los aztecas en el que Moctezuma tenía flores de extraordinaria belleza y plantas medicinales muy variadas, Sandoval apenas encontró resistencia; pero al presentarse ante el cercano poblado de Yecapixtla, una aldea situada en una altura bien defendida por las barrancas de un río, encontró una desesperada resistencia; piedras y flores cubrieron a la tropa española antes que ésta pudiese escalar los puntos altos. Finalmente, Sandoval y los suyos vencieron la resistencia y la vengaron con la matanza acostumbrada.

Los guerreros de Yecapixtla se arrojaron despeñándose desde los altos cantiles del río, prefiriendo la muerte a la esclavitud. Cuauhtémoc —al decir de Bernal Díaz— lamentó no sólo la derrota de Yecapixtla, sino la traición de los chalca, a los que envió 2,000 guerreros con canoas; pero aquéllos, auxiliados por los huejotzincas, detuvieron a los mexicas. Los españoles pudieron hacerse del usual botín de guerra: joyas, mujeres e indios esclavos para ser marcados con el hierro. La victoria de los españoles en el valle de Morelos sobre la guarnición de Huaxtepec y la comarcana Yecapixtla, sumada a la derrota de los mexicanos en Chalco, le abrieron a Cortés definitivamente el camino oriental del valle de México, permitiéndole que una ininterrumpida corriente de armamentos y hombres acrecentara el arsenal y efectivos del capitán; ballestas, caballos, pólvora y hombres atraídos por la fama de Cortés y la riqueza de la región.

CAPÍTULO XXIV

Cortés rodea la laguna

Algo que no podía escapar al genio militar del capitán Malinche, era el reconocimiento de las ciudades y tribus de los alrededores de Tenochtitlan y su laguna. Atacar el reducto insular mexicano antes de quebrantar las ciudades comarcanas aliadas y medir sus fuerzas en ellas, habría sido el suicidio del ejército español. Por el contrario, esta operación iba a despejar a Cortés de enemigos potencialmente poderosos en los valles de Morelos, a los que habría de quebrantar primero en los peñones del valle de Cuautla y después en la difícil y fortificada ciudad de Cuernavaca.

El 5 de abril de 1521, el ejército español abandonó la ciudad base de sus operaciones, Texcoco, para dirigirse a Chalco —por Tlalmanalco—, a la que se pretendía auxiliar porque los guerreros aztecas, en canoas, la amagaban peligrosamente, pretendiéndola castigar por su subordinación a Cortés y su ayuda a los extranjeros en la batalla de Yecapixtla. Pero ya despejado el frente de Chalco, los españoles abandonaron el valle de México para internarse en el de Cautla, por el rumbo de Chimalhuacán. En aquellos valles de tierra caliente los españoles encontraron la primera resistencia importante, organizada en los peñones de las cercanías de Yautepec. Después de fracasar en el establecimiento de un cerro fortificado y riscoso, Cortés simuló una maniobra de ataque frontal, mientras al mismo tiempo uno de sus capitanes ocupó las faldas laterales de otro cerro cercano, desde el cual, apoyado por la artillería, pudo vencer a los aliados de México. La caída de los peñones, que Bernal Díaz sitúa en las cercanías de Yautepec, abrió a Cortés las tierras calientes del sur del valle de Cuautla; así pudieron entrar pacíficamente en Yautepec, en Xilotepec y, aprovechando un descuido de los indígenas del lugar, en Tepoztlán, en el valle de Cuernavaca.

Pero en Cuauhnahuac, ciudad fundada en un sitio abrupto, rodeada de barrancas y de un cortado río, Cortés encontró la segunda e importante resistencia. Después de una serie de batallas desesperadas, los españoles encontraron un punto débil desde donde pareció que habían asaltado al pueblo iniciándose la desbandada de los defensores; la ciudad —cuyo nombre corrompieron los españoles en Cuernavaca— siguió la suerte de muchos otros poblados indígenas, pues fue presa del saqueo y del incendio.

Desde Cuernavaca los españoles regresaron sobre el valle de México, bajando desde las montañas sobre Xochimilco —"en el sembradío de las flores", como se traduce el poético nombre del pueblo florido de la laguna de México—, cuyas fuentes alimentaban las aguas dulces de México vaciándose sobre los canales; y "Otra Venezuela" —como llamaron a Míxquic los españoles—, cuyas chinampas sembradas de verdura, flores y relucientes canales les recordaban a México-Tenochtitlan. Sus habitantes, al sentir la proximidad de los blancos, levantaron sus puentes de madera y se replegaron a las albarradas. Los tres días que Cortés estuvo sobre Xochimilco no tuvo tregua; combatió peleando obstinadamente y venciendo siempre en tierra firme hasta asaltar el pueblo y la tierra, "dejándola toda quemada" (Cortés), pero sin que pudiera derrotar y someter definitivamente a los xochimilcas en sus canales y chinampas, en los que recibieron auxilio de 2,000 canoas con guerreros mexicas. En uno de los encuentros, Cortés estuvo a punto de caer prisionero y ser victimado, pero la táctica militar indígena de aprisionar primero para después dar muerte, salvó al capitán Malinche de un sacrificio seguro en tierras xochimilcas; había caído el caballo de Cortés, y el capitán estaba defendiéndose con su lanza, rodeado de xochimilcas y a punto de ser hecho prisionero, pero un indígena tlaxcalteca y su mozo, Olea, lo salvaron de la muerte.

Ese día había dividido su ejército, la mitad en el pueblo y los restantes con Olid, en tierra llana; pero al día siguiente, fue necesario presentar un frente único, porque los escuadrones mexicas enviados en canoas por Cuauhtémoc, se enfrentaron peligrosamente. Por último, según Bernal Díaz, en vista de los crecientes refuerzos, decidieron los españoles abandonar Xochimilco, no sin que antes tuviesen que lamentar la muerte y sacrificio de algunos soldados que saliéndose del grupo trataron de saquear el almacén situado en una isleta unida a tierra por una estrecha calzada. Sus corazones, casi a la vista de los suyos, fueron ofrecidos al sol, mientras sus compañeros salieron casi de huida.

Cortés se dirigió hacia Coyoacán, desde donde reconoció las primeras albarradas, y después de incendiar el poblado, se fue a Tacuba. La rebelde ciudad fue asaltada, pero los tlacopanecas se regresaron a las calzadas, entre las lagunas, y aun llegaron a tender una celada al Malinche, lo que le costó la pérdida de dos mozos que le llevaron vivos a Cuauhtémoc, un tal Pedro Gallegos, y otro que por alocado, llamaban "El Vendaval". Cortés —dice Bernal Díaz—, al abandonar Tacuba, iba "bien triste y como lloroso".

Mientras los de México, con aquellos dos *teules* vivos, pudieron marchar triunfalmente a Tenochtitlan y entregarlos al supremo señor, Cuauhtémoc, para presenciar el sacrificio de los dos extranjeros ofrecidos al Dios solar y de la guerra. Cortés regresó sobre sus pasos a Texcoco, dejando atrás las ciudades de Tenayuca, Cuauhtitlán y Acolman, algunas de las cuales, abandonadas, volvían a recordar a los españoles la amarga victoria que les esperaba. Bernal Díaz concluye: "veníamos tan destrozados y heridos de la entrada por mí memorada" (CXLVI).

Las incursiones se habían suspendido sin el éxito esperado por Cortés, y ya en Texcoco, base de las operaciones militares en el valle de México, un grupo de conquistadores, encabezados por un tal Villafaña, pretendieron dar muerte a Cortés y retirarse a Veracruz. Pero, abortada la conspiración, Cortés simuló desconocer los nombres del grupo implicado, dando la versión de que Villafaña, ajusticiado por él, se había tragado la lista de los conjurados.

Pero algo iba a cambiar la guerra. La zanja que unía a Texcoco con las aguas de la laguna estaba por terminarse, y los bergantines del improvisado astillero de Toxcoco, prácticamente concluidos, podían ya navegar. Los bergantines se habían armado con los cedros de los bosques de Huejotzingo, las velas, palos y herrajes de los navíos hundidos en Veracruz, la brea de los pinares tlaxcaltecas y hasta el sebo del saín humano de los muertos de guerra, según noticia transmitida por Gómara. Finalmente, entre pífanos, tambores, disparos y música de los cantares indígenas, se desplegaron las velas y se pusieron a flote las naves. Además, Cortés había ordenado que los indios aliados fabricaran 50 mil flechas y 50 mil casquillos.

A finales de abril, Cortés realizó el último alarde español, pues ya tenía en su ejército: 86 caballos, 118 ballesteros (194 según Bernal) y escopeteros, 700 peones de espada y rodela, más de 3 cañones grandes, 15 tiros pequeños y 10 quintales de pólvora. Sólo faltaban los aliados indios de Tlaxcala, a los que requirió Cortés para que en un término de 10 días se le sumasen en Texcoco; días después, 50 mil hombres de Tlaxcala, Huejotzingo y Cholula se presentaron en el campamento de Texcoco, según Cortés —Bernal Díaz corrige la cifra en 20 mil—, pero todavía había que añadir a los subordinados de Chalco y Texcoco. Los capitanes indígenas tlaxcaltecas eran Chichimecatecuhtli y Xicoténcatl, el Mozo.

Ya para emprender la marcha, Cortés dictó sus ordenanzas de guerra por el segundo día de Pascua: prohibía la blasfemia, la riña, el juego, la violación de mujeres, el robo, el cautiverio de indios sin tener permiso, el injuriarlos siendo aliados; también ordenaba llevar siempre las armas y, desde luego, todos los mandatos propios de la guerra.

Hernán Cortés quedaba como capitán general, pero para el asedio, dejó el mando directo de tropas a Cristóbal de Olid, Pedro de Alvarado y Gonzalo de Sandoval.

140

CAPÍTULO XXV

El águila cae

La peste de los cadáveres ya era insoportable, y Cuauhtémoc se iba reconcentrando con toda su gente en una parte
de la ciudad. Cortés y todos los españoles se habían apoderado de Tlatelolco. En aquel trance definitivo, Cuauhtémoc
dijo a los señores principales: "hagamos experiencia a ver
si podemos escapar de este peligro en que estamos; venga
uno de los más valientes que hay entre nosotros, y vístase
las armas y divisas que eran de mi padre Avitzotzin".

Y entonces un muchacho que se llamaba Tlalpalteca-
tlopuchtzin se presentó, y Cuauhtémoc le dijo: "veis aquí
estas armas que se llaman Quetzalteculotl, que eran armas
de mi padre Avitzotzin, vístetelas y pelea con ellas, y mata-
rás alguno, vean estas armas nuestros enemigos, podrá ser
que se espanten al verlas".

Un día Cuauhtémoc recibió un mensajero de Cortés, in-
vitándole a rendirse, y prometiéndole que le perdonaría la
vida y "que mandaría a México y todas sus tierras y ciudades como solía", y también le envió regalos y bastimentos.
Cuauhtémoc convocó a sus capitanes y le aconsejaron que
diera una respuesta de paz dentro de tres días, porque era
conveniente consultar a Huitzilopochtli.

Cuauhtémoc envió a cuatro de los suyos y Cortés los
agasajó con una comida. Luego, hubo otra embajada de
Cuauhtémoc, enviando unas ricas mantas al capitán general, asegurándole que pronto se encontrarían. Pero, acon-
sejado de que no le creyera y de que los dioses aseguraban
la victoria, faltó a su promesa. De pronto aparecieron bata-

llones de los sitiados peleando con tal ímpetu y furia, que parecía que la guerra estaba comenzando. Hubo una nueva promesa de Cuauhtémoc para una entrevista, pero fue otra espera inútil de Cortés. Mientras tanto, muchos de los sitiados, hambrientos y enfermos, buscaban refugio entre los españoles.

Cortés ya no esperó más, y ordenó a Gonzalo de Sandoval que, al frente de los doce bergantines, atacara por el rumbo de la ciudad en que se acuartelaba Cuauhtémoc, "con toda la flor de sus capitanes y personas más nobles". Era el último momento del asedio. Cuauhtémoc entró en una de las 50 grandes canoas que tenía preparadas y, acompañado de toda su familia y llevando su oro y sus joyas, escapó hacia el lago. Pero Sandoval pudo darse cuenta de la fuga y ordenó a sus compañeros que lo persiguieran y que, si lo capturaban, no le hicieran daño ni le causaran enojo.

A eso de las tres de la tarde, García Holguín, el más rápido de los perseguidores, le dio alcance, reconociéndolo por el asiento y el toldo de la canoa, y aunque hizo señales de que se detuvieran no lo logró, "e hizo como que le querían tirar con las escopetas y ballestas".

Cuauhtémoc, estremecido, exclamó:

—No me tires, que yo soy el rey de esta ciudad y me llamo Cuauhtémoc. Lo que te ruego, es que no llegues a cosas más de cuantas traigo, ni a mi mujer ni parientes, sino llévame luego a Malinche.

García Holguín lo abrazó y lo hizo entrar en su bergantín, en compañía de "Copito de Algodón", su esposa, y de 30 principales y les dio de comer.

Sandoval, envidioso de García Holguín, le disputó la insigne presa y surgió violenta discusión. Otro de los bergantines salió apresuradamente hacia Cortés —quien estaba en el barrio de Amaxac— para pedirle la recompensa. Cortés ordenó al capitán Luis Marín y a Francisco Verdugo, que calmaran los ánimos y le llevaran a los prisioneros. Mandó instalar "un estrado, lo mejor que en aquella sazón pudo haber con petates y mantas y asentaderos y mucha comida, de lo que Cortés tenía para sí".

Sandoval y García Holguín llegaron ante Cortés —quien estaba "debajo de un dosel de carmesí"—, entregándole a Cuauhtémoc, y "con alegría le abrazó y le hizo mucho amor". Cuauhtémoc, lleno de dignidad, habló entonces, mientras —como diría López Velarde— iban "los ídolos a nado":

—Señor Malinche: ya he hecho lo que soy obligado en defensa de mi ciudad y no puedo más, y pues vengo por fuerza y preso ante tu persona y poder, toma ese puñal que tienes en el cinto y mátame con él.

Al decir esto, lloraba y sollozaba, y también sus compañeros de infortunio, mientras Cortés —por medio de sus intérpretes Jerónimo de Aguilar y doña Marina— respondió a Cuauhtémoc que le tenía gran estimación por haber sido tan valiente y haber defendido su ciudad, y que no tenía ninguna culpa, y que descansaran su corazón y los de sus capitanes, y que "él mandara a México y a sus provincias como de antes". Cortés preguntó en seguida, con mucha educación, por las señoras que acompañaban a Cuauhtémoc. Luego le rogó Cortés, "que mandase a los suyos se rindieran".

La tarde estaba cayendo. El cielo del Anáhuac empezó a llorar. Cortés ordenó que todos salieran con él hacia Coyoacán. Era el día de San Hipólito Mártir, 13 de agosto de 1521. Hasta la medianoche llovió sin cesar. El sitio había durado 75 días. Se habían acallado las voces y los alaridos de los defensores. Sobre el lago de México flotaba una muchedumbre de cadáveres y también eran numerosos en las calles y patios de Tlatelolco, tanto que los vencedores no podían "andar, sino entre cuerpos y cabezas de indios muertos". Gran parte del tesoro de Moctezuma se lo robaron los que iban en los bergantines y así se lo dijo Cuauhtémoc a Cortés.

En vista de la pestilencia que flotaba sobre la ciudad, Cuauhtémoc pidió a Cortés que "diese licencia para que todo el poder de México que estaba en la ciudad saliese fuera de los pueblos comarcales". Cortés aceptó que lo hicieran. El espectáculo de aquel desfile, a lo largo de las calzadas, en que iban hombres, mujeres y niños, "flacos, amarillos, sucios y hediondos", era más que horrendo.

Cortés ordenó a Cuauhtémoc que se arreglaran los ductos del agua potable que llegaba desde Chapultepec, que se limpiaran las calles, fueran enterrados los cadáveres y reparadas las calzadas, los puentes, las casas y los palacios.

El tormento de Cuauhtémoc.

CAPÍTULO XXVI

El tormento del águila

Muy pronto aparecieron los chismes, en varios lugares alrededor. ¿En dónde estaba el tesoro de Moctezuma? Seguramente Cuauhtémoc lo sabía, murmuraban las malas lenguas; otras, que lo había arrojado a las aguas lacustres cuatro días antes de su captura; y no faltaban quienes aseguraran que se habían apoderado de él los tlaxcaltecas y los cholulas, los texcocanos y los huejotzincas.

Pero los oficiales reales "decían y publicaban que Guatemuz lo tenía escondido y que Cortés holgaba de ello porque no lo diese y haberlo todo para sí, y por estas causas acordaron... de dar tormento a Guatemuz y al señor de Tacuba que era su primo y gran privado". "Todos los mayordomos de Guatemuz decían que no había más de lo que los oficiales del rey tenían en su poder y que eran hasta 380 mil pesos de oro que ya lo habían fundido y hecho barras y de ahí se sacó el real quinto y otro quinto de Cortés. Y como los conquistadores que no estaban bien con Cortés vieron tan poco oro y el tesorero Julián de Alderete que así se decía, que tenían sospecha que por quedarse con el oro Cortés no quería que prendiesen al Guatemuz ni le prendiesen sus capitanes ni diesen tormentos y porque no le achacasen algo a Cortés sobre ello", no pudo impedir Cortés que atormentaran a Cuauhtémoc.

Doña Marina, dijo al ilustre prisionero en una ocasión:

— El señor capitán dice que busquéis 200 tejuelos de oro; tan grandes como así...

Y le señaló con las manos el tamaño de una patena de cáliz.

Fue en Coyoacán donde se realizó el vil tormento. Untaron de aceite los pies del señor de México, y de Tetlepanquetzal, el señor de Tacuba, antes de someterlos a la prueba del fuego. "Y lo que confesaron [fue] que cuatro días antes lo echaron en la laguna, así el oro como los tiros y escopetas que nos habían tomado cuando nos echaron de México y cuando desbarataron agora a la postre a Cortés".

Colocados en aquel trono de ignominia, Cuauhtémoc y el señor de Tacuba se miraron, con los rostros iluminados por el lúgubre resplandor del fuego que los atormentaba.

—Por ventura, ¿estoy yo en un baño de temascal? —exclamó Cuauhtémoc, sin inmutarse.

El señor de Tacuba se desmayó frente a la indiferencia de los verdugos.

Después de aquel horror, "fueron adonde señaló Guatemuz que lo habían echado [el tesoro] y entraron buenos nadadores y no hallaron cosa ninguna, y lo que yo vi, que fuimos con el Guatemuz a las casas en que solía vivir y estaba una como alberca de agua y de aquella alberca sacamos un sol de oro como el que nos dio Moctezuma y muchas joyas y piezas de oro de poco valor que eran del mismo Guatemuz". Refiere Bernal Díaz, que él y otros soldados y unos "buenos nadadores" encontraron en uno de los buceos "ánades y perrillos y pinjantes y collarejos y otras cosas de nonada".

Mientras tanto, ¿qué hacía Cuauhtémoc en su prisión, "la recámara que llamábamos del gran Moctezuma", cuando Cortés estaba abrumadísimo de problemas? Ni éste ni otros cronistas puntuales hablan de la vida que llevaba de cautiverio. De seguro deseaba escaparse; pero no podía hacer ningún plan, porque estaba continuamente vigilado, espiado, acechado por ex súbditos que le servían o le conversaban en aquellos largos días melancólicos, y todas sus palabras eran oídas atentamente por los intérpretes. Cortés no tenía descanso. Enviaba hacia los cuatro puntos cardinales a sus capitanes, en busca de rutas hacia el ignorado paso interoceánico, las nuevas ciudades, las minas inéditas y las buenas tierras. Por la imaginación atormentada del águila caída desfilaban imágenes terribles, procesiones de fantasmas, promesas fallidas que le había dado el capitán general.

El 23 de junio de 1524, 12 hombres humildes y descalzos, vistiendo trajes que no eran españoles, se aproximaron a las puertas de México-Tenochtitlan. Eran los 12 franciscanos que llegaban del otro lado del mar con las palabras del Evangelio. Cuauhtémoc e Ixtlilxóchitl, "así como tuvieron noticia que habían llegado al puerto", enviaron "sus mensajeros para recibirlos y proveerlos de todo lo necesario para el camino".

Hernán Cortés y varios de sus capitanes salieron a caballo para darles la bienvenida. En la comitiva de a pie iban muchos soldados y numerosos indios llevando cruces y velas encendidas, y entre ellos iba Cuauhtémoc, quien —de seguro— se quedó sorprendido ante aquel espectáculo en que Cortés apareció, tímido como una paloma, humillándose ante los 12 humildes, besándoles las manos, y deponiendo ante los indios su majestad de ídolo, "acaso como sus dioses".

Los 12 religiosos llegaban a pacificar las almas en momentos en que, en las tierras hasta donde se prolongaba hacia el Sur el poderío cortesiano, Cristóbal de Olid, uno de los capitanes más audaces en la toma de México y en la conquista de Michoacán, se rebelaba contra Cortés, y éste ignoraba el paradero de Francisco de las Casas, a quien había enviado a Honduras para someterlo.

Cortés decidió salir en persona, al frente de un ejército, para castigar al rebelde (12 de octubre de 1524). Llevaba consigo a Cuauhtémoc, a Juan Velázquez —uno de los capitanes de éste durante el sitio de Tenochtitlan—, al señor de Tacuba y otros caciques, además de un séquito que más parecía el de un rey en pos de peligrosa aventura. Aquella expedición recorrió vastas y difíciles tierras, desafiando los

147

peores peligros, desde los del hambre y las víboras, hasta las enfermedades tropicales, las rutas desconocidas y los climas feroces. ¿Qué pensaría Cuauhtémoc al sentirse arrastrado por aquella tumultuosa corriente humana, que iba con rumbo hacia lo desconocido? ¿Viajaba cargado por indios o iba a pie?

Al pasar por Orizaba se casaron doña Marina y el soldado raso, Juan Jaramillo; y hubo fiesta alborozada, bajo toldos, con música de chirimías y zacabuches, entre canciones improvisadas. Luego pasaron por Coatzacoalcos y Tonalá; vadearon esteros, inventaron puentes sobre pantanos de varias leguas, y de pronto aparecieron en Tabasco, donde abundaban mosquitos y culebras "nauyacas", ciénagas y cacaotales, y unos parajes en donde "había muy grandes sapos". Cuando menos lo esperaba Cortés, empezaron a fugarse los guías indios y los caciques del tránsito a negar servicios y a decir mentiras sobre las distancias por recorrer. Muchos de los expedicionarios deseaban regresar a México-Tenochtitlan; otros empezaron a desfallecer, como si se sintieran muy cerca de la muerte. Surgió el hambre y "pareció que ciertos caciques de México acompañaron dos a tres indios de los pueblos que dejábamos atrás y traíanlos escondidos con sus cargas a manera y traje como ellos y con la hambre en el camino los mataron y los asaron en hornos que para ello hicieron debajo de tierra y con piedras como en su tiempo lo solían hacer en México y se los comieron".

Esto llegó a oídos de Cortés, "y por consejo de Guatemuz mandó llamar los caciques mexicanos y riñó malamente con ellos".

CAPÍTULO XXVII

El águila cae para siempre en Acallan

El martes 28 de febrero de 1525, la comitiva de Cortés y los prisioneros llegaron a Acallan. Esta provincia, a la que las crónicas indias suelen llamar también Hueymollan, se ha identificado al sur de Campeche, en la confluencia y desembocadura de los ríos de la laguna de Términos. Los aztecas la llamaban Acallan, que significa: "lugar de canoas".

Cortés había llegado al Tixchel de los mayas chontales al cruzar el río de San Pedro, el que se ha identificado con el de la Candelaria, en donde fue recibido pacíficamente en Izankanak —la capital de Acallan—, colmándosele de bastimentos y servicios por el hijo del Anau o señor, llamado Pax Bolón Acha, que había muerto hacía cuatro días.

Pero Cortés dudó de la repentina muerte y pronto pudo confirmar, por denuncia de otro cacique maya, que lo engañaban, pues Pax Bolón Acha vivía, y había simulado una muerte repentina. Cortés volvió a ver que se cerraba sombríamente el horizonte a su alrededor, pues si atrás quedaban campos y ciudades quemados por las tribus en retirada ante el avance español, hoy se enfrentaba a un poderoso señor con quien el menor descuido podría serle fatal. Sus ejércitos estaban mermados; las fiebres y las disenterías habían diezmado la tropa, muchos habían muerto de hambre y otros habían desertado volviendo sobre sus pasos; el capitán español sólo encontró ante sí la densa selva tropical, gigantescos cedros rojos y ramones colosales, amates y retorcidas ceibas —el *ixminché* sagrado de los mayas— de bejucos colgantes y un ejército hambriento e inconforme.

Cuauhtémoc sólo escuchaba y miraba silenciosamente los infortunios y la cólera de su vencedor. La existencia de una conjura jamás quedará probada plenamente, pero ante aquellos 200 hombres atascados y perdidos en los pantanos y ríos de Acallan debió pensar el héroe de México en caerles y aniquilarlos, volviendo a levantar nuevamente una gran confederación india que arrojase de México a los extranjeros. Pero para que se realizara este plan, propio de su corazón rebelde, faltaba una conciencia política indígena. Fue así como Cuauhtémoc supo de la hiel de la traición de los suyos y la resistencia ciega de los mayas chontales.

Una fuente indígena, los *Anales de Tlatelolco*, refiere sucesos de este último episodio. Los mensajeros tlatelolcas habían alcanzado previamente a los acalantlanca (chontales), advirtiendo la proximidad de los señores de México; los chontales estaban emparentados con lo nobles toltecas del centro del país y no es imposible que existiesen poco antes de la llegada de los españoles guarniciones mexicas entre Xicalanco y Acallan, es decir, al norte de Tabasco y sur de Campeche, en las fronteras mayas, en el país de los comerciantes que en canoas se comunicaban con Yucatán. Los chontales se reconocieron súbditos de la gente de México, de la nobleza del centro del país de Tollan: "Que venga el señor, nuestro amo y soberano. Que nos hagamos dignos de esta merced. Que nos trate a sus súbditos con clemencia. Porque si él nos impone algo, ya se encontrará de dónde tomarlo".

La noticia de la proximidad de Cuauhtémoc había congregado a los chontales en la puerta de entrada del país, en Tuxkahá, a dos jornadas de la capital.

Se trenzaron ramos de *axóyatl*, doseles de plumas lucientes de quetzal; se tendieron finas esteras de palma, se prepararon las bebidas refrescantes... Cuauhtémoc llegó a Tuxkahá, a la que los suyos llamaban Teotílac, envuelto por la majestad y prestigio de México; entonces habló a los acallantlanca con tiernas palabras de un vencido, en una arenga en la que resonó la herida de un pueblo deshecho:

"Esforzaos, nobles acallantlaca, lo más que podáis con la ayuda de nuestros dioses. Estad contentos. No vayáis —añadió amargamente— a pueblos extraños. Sed felices aquí, para que no ocasionéis dolor a la gente del pueblo, a los viejos, a los ancianos, a los niños que están todavía en las cunas, y a los que apenas comienzan a caminar, a los que están jugando. Tened cuidado con ellos y compadeceos de ellos. Que no se vayan a un pueblo extraño. Amadlos. No los abandonéis. Y os lo recomiendo expresamente, porque nosotros seremos enviados a Castilla. ¿Qué sé yo si regresaré o moriré allá? Quizá no vuelva a veros. Haced todo lo que esté en vuestro poder. Amad a vuestros hijos tranquilamente y en paz. No les inflijáis ningún disgusto. Y sólo digo esto: ayudadme en alguna forma con algo para que yo pueda dar la bienvenida al gran señor que es soberano de Castilla".

Luego enmudeció. Su noble rostro de cobre se nubló al pensar en Castilla, pues se les había dicho que Cortés los llevaría. Por Castilla abandonaba su país, su valle de lucientes lagos, los niños de Tlatelolco y México. Iba a rendir homenaje a un extraño y lejano príncipe. Pero los señores de Acallan respondieron de inmediato: "¡Oh señor y amo! ¿Acaso eres tú nuestro súbdito humillándote? No te intranquilices, porque aquí está tu propiedad. He aquí tu tributo".

Y ante los ojos del vencido príncipe se extendieron ocho cestillas cargadas de oro, más joyeles de jade y de turquesa. El tributo para saciar a Cortés. Pero cuando se hubo cumplido con aquel tributo, los guerreros de México, presididos por los señores, pudieron dedicarse a sus festividades. Ixtlixóchitl nos ha transmitido la fecha: un martes de carnaval en el que, parte por imitación de los cristianos y parte, quizá, por coincidir con ceremonias pasadas, la tropa indígena danzó y cantó. Un murmullo de cánticos invadió la selva, mientras los danzantes entonaban los implorantes cantares acompañados de los atambores de piel (*huéhuetl*), los tambores de madera (*teponaztles*), las bocinas de caracol, las flautas y los percutores de hueso. Todavía al ponerse el sol se cantaba y danzaba porque, además, a la tropa india la excitaba una noticia que allí corrió: que en Acallan terminaría el viaje del capitán Cortés.

Pero "cuando el sol se iba a poner" —irónicamente en el sol del crepúsculo que significa el nombre de Cuauhtémoc—, la sórdida tragedia llegó. Un traidor de origen otomí según parece, al que por su lugar de nacimiento se le suele llamar Mexicalcíncatl, fue el denunciante; un enano, el Coztemexi Cozcóltic, llamado por los españoles Cristóbal. Bernal Díaz señala dos denunciantes más: Tapia, es decir, el Motelchiutzin, antiguo *Calpixque* (recaudador) de origen innoble, y Juan Velázquez, el Tlacotzin cihuacóatl de Tenochtitlan, cuya acción seguramente no fue desinteresada, porque a este último lo elevó Cortés, inmediatamente allá en Acallan, a señor de México, y a la muerte de éste, en Nochistlán al retornar a México, le concedió de gobernador indio de México el Motelchiutch. Por otro lado, hubo alguien más que participó en forma decisiva en esta tragedia: Malintzin, pues su siniestra actuación, que comenzara con la denuncia de Cholula, allá donde fue la matanza inicial, se acrecentaría ahora en las tierras chontales en donde ella viviera su juventud en destierro, como si al participar en la condena del príncipe mexicano, cobrara desquite de su salida del área mexicana, hacia Ostuta, y su esclavitud en tierras tabasqueñas. Años más tarde, un nieto de doña Marina, reclamaría como singular mérito ante la Corona Española, la denuncia que hiciera su antepasado.

Según los *Anales de Tlatelolco*, el Coztemexi Corzcóltic, llegó lamentándose con doña Marina en la forma siguiente: "Vente, hija Malintzin, porque veo que Cuauhtemoctzin aparece completamente encantado con la revista. Míralo. Así pereceremos aquí nosotros y el capitán, don Hernando".

Todavía añadió más, señalando a la muchedumbre de guerreros danzantes: "es verdad absolutamente lo que digo, porque los hemos [a los príncipes] oído consultarse en la noche. Dijeron que iban a quitarnos a los extranjeros, a los otomí..." Según la fuente indígena citada, que niega la conspiración, el denunciante quedó segregado de la tribu y se le llamó para siempre mentiroso. Pero Malinche corrió a informar a Cortés que los nobles príncipes de México, Texcoco y Tacuba conspiraban contra los españoles y calculaban el tiempo necesario para aniquilarlos, para caer sobre ellos y asaltarlos...

Todas las fuentes históricas —Cortés, Ixtlilxóchitl, Chimalpahin, *Anales de Tlatelolco*, etc.—, recuerdan el nombre del denunciante, el mexicalcinca Coztemexi; pero en tanto que las fuentes indígenas mexica (*Anales de Tlatelolco*) y tezcocana (Ixtlilxóchitl) niegan la existencia de una conspiración, el testimonio español (Cortés y Bernal Díaz) la aceptan como plenamente probada. Un tercer testimonio, ajeno a conquistadores y vencidos, el de los maya chontales de Acallan, ha venido a sumarse a las pruebas de la existencia de pláticas de los príncipes mexicanos destinadas a destruir el poderío español, acabando con el jefe militar Cortés y con aquella escasa tropa exhausta y desmoralizada. Según el manuscrito chontal, cuyo original perdido se conoce por un traslado utilizado como probanza de méritos, al principiar el siglo siguiente, por uno de los descendientes mestizos del cacique de los chontales o acalantlanca, el *Ahau* o señor Pax Bolón Acha.

Estas palabras de Cuauhtémoc dirigidas al señor chontal de Izankanak, Pax Bolón, allá en Tuzkahá, fueron recogidas por la versión maya:

"Señor rey [*Ahau*], estos españoles vendrán tiempo que nos den mucho trabajo y nos hagan mucho mal y que matarán a nuestros pueblos. Yo soy de parecer que los matemos, que yo traigo mucha gente y vosotros sois muchos".

Pero Pax Bolón evadió aquella proposición contestando a Cuauhtémoc: "veréme en ello, dejadlo ahora, que trataremos de ello". El *Ahau* de Izankanak era un corazón vacilante y cobarde; primero había rehuido presentarse a Cortés, había simulado haber muerto unos días antes; pero informado Cortés por otro cacique maya, requirió al hijo de Pax Bolón para que le llevara a éste. El documento chontal, por supuesto, calla esta simulación y presenta a Pax Bolón aceptando el veredicto de la tribu que le ordenaba no presentarse a los blancos. Finalmente, llegó con su séquito ante el conquistador de los Culúa o mexicanos y se entregó en paz.

Agrega el texto maya que importunado Pax Bolón por Cuauhtémoc y considerando aquel que los cristianos no hacían daño a los suyos, sino que sólo les pedían pavos y maíz, se acercó a Hernán Cortés —lógicamente a su intérprete maya, Malintzin— y denunció los propósitos del señor de México.

De esta manera, se fue desenvolviendo el dramático epílogo. Quienes son gratos a la memoria de Cortés, han afirmado la existencia de la conjura, pero quienes le son adversos la han negado y han arrojado una mancha más al conquistador. Pero sobre estas consideraciones se impone una reflexión más severa: Cortés se encuentra en aquel invierno con un ejército mermado, sin disciplina y famélico; ante sus ojos se extienden sólo ciénagas, ríos y una cortina inmensa tendida por la selva; los indígenas llevan la peor parte y el hambre ha dado origen a un acto de antropofagia; sobre sus espaldas llevan el peso de la carga de la tropa española y sus manos son las que han atado con bejucos los troncos de los cedros para tender puentes. Cortés necesita realizar un acto de severidad extrema que sea una advertencia a la hostil tribu maya chontal y la represión más cruel de la sorda rebeldía del ejército de México. La medida sería extrema y Bernal Díaz, que consideró injusta la condena, nos ha dicho: "pareció mal a todos los que íbamos".

Mientras tanto, a Cuauhtémoc no podían escapar las condiciones de la tropa española, ya que ha visto los sufrimientos de la tribu, los vive día a día; él mismo ha sentido las penalidades de la marcha en la selva; un ligero esfuerzo y la ayuda de los chontales acabarían con los extranjeros. Su carácter "bullicioso", como dice Cortés, lo empuja a ello; es además, la única voz con conciencia política, por eso busca una confederación con los mayas de Acallan; y más ahora, que ya no sólo poseen sus viejas armas, sino portan lanzas y espadas de metal.

154

Ixtlilxóchitl, que en esta parte sigue en forma de novela una primitiva relación texcocana de un Axayácatl acompañante de la tropa de Hibueras, nos presenta como origen de la conjura —que niega— una plática en broma de los tres señores de la Triple Alianza: se discutía el destino de las tierras que iban supuestamente a conquistar más allá de Acallan; el señor de Texcoco, Coanacochtzin, las reclamaba de conformidad con los términos de la Alianza y linaje de los acolhua; Tetlepanquetzaltzin, rey de Tacuba, las pedía, porque siendo su ciudad siempre la postrera, debería ser ahora la primera; pero Cuauhtémoc, irónicamente, las reclamaba para México ahora que, "ayudado por los hijos del sol, por lo mucho que me quieren a mí..." Y añade Ixtlilxóchitl, que el capitán mexica, Temilotzin, habló entonces largamente recomendando conformidad y expresando su sumisión a la nueva religión. Todos los señores se enternecieron con la elocuencia del capitán Temilotzin. Éste habría de terminar poco tiempo después, quizá en el golfo de Honduras, cuando Cortés se disponía a regresar a Veracruz; se había escondido bajo los tablones del navío, porque se les había dicho que iban a Castilla, y atemorizado se rehusaba; y al ser descubierto por los españoles y llevado a Cortés y a doña Marina, se arrojó a las aguas del mar, perdiéndose entre las ondas del océano.

"Nadie sabe si hubo alcanzado la costa —dicen los *Anales de Tlatelolco*—, si una serpiente lo tragó, si un lagarto se lo comió o si los peces se hubieron comido a Temilotzin. Pero en caso de que hubiere alcanzado la costa, no podía dejarse ver, no se podía ocupar en ningún trabajo. Aun en el caso de haber encontrado una población, no podía dejarse ver en ella".

Así fue como terminó otro héroe más de la resistencia de México, el *tlacatécatl* o capitán Temilotzin.

Cortés también es explícito en relación con la conjura. La "traición" de los señores le fue comunicada por el Coztemexi: "Habían hablado muchas veces y dado cuenta de ello a este Mexicalcingo [Coztemexi], diciendo cómo estaban desposeídos de sus tierras y señoríos y los mandaban los españoles, y que sería bien que buscasen algún remedio para que ellos las tornasen a señorear y a poseer, y que hablando en ello muchas veces en este camino les había parecido que era buen remedio tener manera como me matasen a mí y a los que conmigo iban, y después de apellidando la gente de aquellas partes, hasta matar a Cristóbal de Olid y la gente que con él estaba, y enviar a sus mensajeros a esta ciudad de Tenochtitlan para que matasen a todos los españoles que en ella habían quedado, porque les parecía que lo podían hacer muy ligeramente, siendo así que todos los que quedaban aquí eran de los que habían venido nuevamente, que no sabían las cosas de la guerra, y que acabando de hacer ellos lo que pensaban irían apellidando y juntando consigo toda la tierra por todas las villas y lugares donde hubiese españoles, hasta los matar y acabar todos, y que hecho esto pondrían en todos los puertos de la mar recias guarniciones de gente para que ningún navío que viniese se les escapase, de manera que no pudiese volver de nuevo a Castilla; y que así serían señores como antes lo eran..."

En consecuencia, Cortés actuó con rapidez y con el rigor necesario para hacer ejemplar el castigo. En forma sigilosa, se aprehendió a los señores y sumariamente tomó información de ellos, condenando a muerte a Cuauhtémoc y a Tetlepanquetzaltzin, aunque otras fuentes añaden a Coanacochtzin de Texcoco. Atardecía cuando los soldados españoles se acercaron a los soberanos indígenas, "cuando el sol se iba a poner... ellos se clavaron a los señores como los perros al cuello". Allá lejos todavía la fiesta continuaba; resonaban los tambores y se elevaban los cánticos en la cálida selva. Las fuentes españolas, añaden que Cuauhtémoc fue sometido a un interrogatorio, y que después de confesar, fue sentenciado a muerte por Cortés. Bernal Díaz dice que el soberano de México reconoció haber asistido a las pláticas, pero no haber partido de él éstas; sin embargo, el señor de Tacuba, Tetlepanquetzaltzin, más explícito, añadió que Cuauhtémoc y él habían dicho "que valía más morir de una vez que morir cada día en el camino viendo la gran hambre que pasaban los *maceguales* —labriegos o gente del pueblo— y parientes".

Y así, sin más pruebas ni juicio, sólo dando tiempo a que los dos clérigos flamencos que acompañaban a Cortés, fray Juan de Tecto y fray Juan de Ahora, confirmaran y confesaran a los de México, Cortés condenó a Cuauhtémoc, a Tetlepanquetzaltzin y, según parece, a Coanacochtzin, a la muerte. A Cuauhtémoc, todavía con cadenas puestas en los tobillos, se le colocó un crucifijo en las manos.

No se conoce el tipo de muerte que se les diera. En general, todos convienen en que a Cuauhtémoc y al señor de Tacuba y al de Texcoco, los colgaron de las ramas de una ceiba *(ixminche)* o de un pochote; pero el documento maya antes citado y confirmado en parte por un códice mexicano —la *Tira de Tepechpan*—, nos da una versión distinta: antes de colgarlos fueron decapitados y sus cuerpos suspendidos de los tobillos de las ramas de la ceiba, en tanto las cabezas de las víctimas se clavaron en los muros del templo principal de Tuxkahá: "Le cortaron la cabeza [a Cuauhtémoc] y fue clavado en una ceiba delante de la casa que había de la idolatría en el pueblo de Yaxzan [Taxaham]".

Bernal Díaz recogió las últimas palabras del héroe. Le habían puesto en las manos un crucifijo, después de haberlo confesado, y en tanto que el rey de Tacuba expresaba que su muerte era buena por poder morir junto al gran señor de México, Cuauhtémoc se volvió severamente a Cortés y habló con amarga energía:

"Oh Malinche: días había que yo tenía entendido que esta muerte me habías de dar y yo había conocido tus falsas palabras, porque me matas sin justicia. Dios te la demande, pues yo no te la di cuando te me entregaste en mi ciudad de México".

El cuerpo de Cuauhtémoc y los de los otros señores de México, se quedaron suspendidos en las ramas del árbol sagrado de los mayas, en aquel anochecer de febrero de

1525, mientras las tribus indígenas parecían haber colgado también, como de los brazos de una cruz, todas sus esperanzas...

Todo esto fue en aquellas tierras, en Acallan, en la confluencia de ríos que desembocan en la laguna de Términos. Aunque el lugar exacto no ha quedado definitivamente esclarecido, pues modernas investigaciones sitúan Izankanak y la cercana Tuxkahá o Teotílac en la cuenca del río de la Candelaria, a unas seis jornadas de su desembocadura. Tampoco se conoce el destino de los tres cuerpos, pero se cree que, como era usual en las reales exequias, se debió incinerar los cuerpos de los muertos; a espaldas de los españoles se debió descolgar a los tres soberanos, se les amortajó y quemó y, ya consumidos los cuerpos en la cremación, el atado fúnebre se revistió de una máscara de turquesas, acompañándosele de ofrendas y, por supuesto, las mantas y el perro sacrificado —el macabro Caronte indígena— para que sirviera de guía hacia el lugar de las sombras y de los muertos, el Mictlan, la subterránea morada. Así descendió su espíritu, mágicamente defendido, al sombrío lugar de la muerte, mientras sus cenizas quedaron ocultas, allá en tierras mayas, en Acallan Hueymollan.

Tal fue la historia y el fin de este joven soberano mexica, que con gran valentía y sin temor a los "dioses" llegados desde el mar, se lanzó a una lucha suicida pronunciando las decididas palabras: "vencer o morir". Octavio Paz, en *El laberinto de la soledad*, escribe acerca de la caída del águila lo siguiente:

"Cuauhtémoc y su pueblo mueren solos, abandonados de amigos, aliados, vasallos y dioses. En la orfandad".

TÍTULOS DE ESTA COLECCIÓN

Esta obra se Imprimió
En los talleres de
IMPRESOS MEGA UNIÓN S. A. de C.V.
Calle 10 № 1 esq. Av 6 pte
Col. Renovación Deleg. Iztapalapa
C. P. 09209 México D. F.
Tel: 15 46 31 62